总主编◎张颢瀚　副总主编◎汪兴国

人文社会科学通识文丛

关于**地理学**
的100个故事

100 Stories of
Geography

余建明◎编著

南京大学出版社

图书在版编目(CIP)数据

关于地理学的 100 个故事 / 余建明编著. -- 南京：
南京大学出版社，2015.1(重印)
(人文社会科学通识文丛 / 张颢瀚总主编)
ISBN 978 - 7 - 305 - 10070 - 3

Ⅰ. ①关… Ⅱ. ①余… Ⅲ. ①地理学－通俗读物
Ⅳ. ①K90 - 49

中国版本图书馆 CIP 数据核字(2012)第 119971 号

本书经上海青山文化传播有限公司授权独家出版中文简体字版

出版发行　南京大学出版社
社　　址　南京市汉口路 22 号　　邮　　编　210093
网　　址　http://www.NjupCo.com
出 版 人　左　健
丛 书 名　人文社会科学通识文丛
总 主 编　张颢瀚
副总主编　汪兴国
书　　名　关于地理学的 100 个故事
编　　著　余建明
责任编辑　朱湘铭　倪　琦　　　　编辑热线　025 - 83686029
照　　排　南京南琳图文制作有限公司
印　　刷　宜兴市盛世文化印刷有限公司
开　　本　787 mm×960 mm　1/16　印张 13　字数 240 千
版　　次　2015 年 1 月第 1 版　　2015 年 1 月第 2 次印刷
ISBN 978 - 7 - 305 - 10070 - 3
定　　价　28.00 元
发行热线　025 - 83594756　83686452
电子邮箱　Press@NjupCo.com
　　　　　Sales@NjupCo.com(市场部)

序　言

地球是我们的家园,随着人们对地球表面状况的深入了解和探究,逐渐产生了各种地理概念,并且随着地理知识的不断累积,便产生了一门研究自然界以及自然界与人类关系的科学,这就是地理学。概括地说,地理学就是研究人与地理环境关系的学科,其目的是为了探究开发并保护地球的自然资源,更好地协调人类与自然的关系。

可见,地理和地理学在人类生活中占据着重要的地位。地理可以让人们了解地球,进而了解社会;地理学则可以帮助我们揭开自然的神秘面纱,了解那些看似神奇的事物。

第二次世界大战期间,德军潜艇为了袭击盟军,常常从地中海进入直布罗陀海峡,出其不意地打击盟军。接连几次遭受袭击之后,盟军长了"心眼",派出舰队守住海峡,并采用声呐监听系统,来探测德军潜艇的出没,准备用深水炸弹将其炸毁。然而,令人大失所望的是,监听多日,德军潜艇依然可以在盟军眼皮底下溜出海峡,大摇大摆地出现在大西洋上。

盟军为此着实恼火,甚至有人怀疑德军有什么秘密装备或者神灵相助。那么,真实的情况是什么样的呢?原来,德军熟知直布罗陀海峡的海水运动情况,于是利用了这个特点。在海峡表面,海水从大西洋流入地中海,可是在海峡底层,海水流动方向正好相反——从地中海流入大西洋。于是,德军潜艇进入海峡之后,可以完全关闭潜艇上的所有机器,只凭借海流的动力,就能轻松自如地进入大西洋执行任务。就这样,盟军在狡猾的德军面前,只能望洋兴叹。

从这个故事中，我们看到了了解地理、运用地理学知识研究战争的重要性。实际上，地理学的作用不只如此，它更重要的任务和意义是让我们了解大自然和人类的生活，进而创建更美好的地球家园。

我们常常会对看到的奇特景观感叹，对古人遗留下的文明碎片不禁畅想：是谁？为什么？什么时间在地球表面留下了这些东西？它们将走向何方？这些问题的解答，只有走进地理学，经由科学的方法去探究、钻研和发现，才能找到答案。

我们还热衷于探索和发现那些不为人知的生活，比如生活在云南省怒江大峡谷最北端的独龙族。由于常年大雪封山，地理环境闭塞，这个只有 5 000 余人的民族多年来形成了自己独特的语言，过着原始的刀耕火种生活。他们的存在说明了什么？我们又能从中了解到多少秘密？这些问题同样离不开地理学知识。

也许你曾对艰深拗口的地理词汇望而却步，但翻开本书你的这些忧虑一定会一扫而空。书中没有枯燥乏味的资料，也没有晦涩难懂的理论，只有最精彩的故事和最智慧的领悟。

本书选取关于地理学的 100 个故事，包括与我们生活息息相关的地理知识、人类冒险之旅的发现，以及尚待探索的未解之谜。读者可以在轻松的阅读之中，较为全面地了解地理学，以此来体验生命的深度与质感，与大自然和谐相处，过上更美好的生活。

第一篇　无所不包——"科学之母"地理学

第二篇　普及面广——地理学研究及理论

第三篇 异象纷呈——地理学的学科分类及流派

第四篇　胆略之旅——世界地理大发现

第五篇　学以致用——地理学应用前景广阔

目　录

4

第一篇

无所不包

——"科学之母"地理学

阳光退敌兵

地理学是研究人与地理环境关系的学科,研究的目的是为了更好地开发和保护地球表面的自然资源,协调自然与人类的关系。

众所周知,太阳光给自然界和人类带来了光明,也带来了温暖。除此以外,它还有更大的威力,你是否知道呢?

在古希腊时期,位于爱琴海中的纳克索斯岛上居住着一个部落。部落里的人们过着安宁而有规律的生活,白天男人出海捕鱼,妇孺和老人在家补网、晒鱼、料理家务。这些人不仅勤劳而且淳朴、善良,虽然很少与外界接触,但却懂得互相关爱、互相帮助。

海神波塞冬巡游图

一个夏日的清晨,男人们又要出海了,首领带着全部落的人面对大海,虔诚地向海神祭祀,祈祷他能保佑出海的人平安归来。之后,男人们在亲人的祝福和期盼声中乘着船渐渐远去……

太阳很快升起来了,像一个火球发出热辣辣的光芒,把岸边的沙滩晒得滚烫,连海风也被烘烤得热乎乎的。

即便是这样的天气,还是不时有人到海边去观望,惦记着出海的家人。

正午时分,阳光更强烈了。这时,有人突然发现海天之间出现了许多小黑点,而且越来越大。

"是出海的人回来了吗?"闻讯赶来的岛民们互相议论着。

"不对,平时出海的人要到傍晚才能回来。"这样一想,大家便对看到的"黑点"警觉了起来。

那些黑点到底是什么呢？原来是马其顿王国的一支船队。这些马其顿人在远征的路上出了意外，迷失了方向，已经在海上漂泊了整整一个昼夜，粮食、饮水也快耗尽了。正当他们疲惫不堪时突然发现了这个小岛，于是心生歹意，想到岛上来抢夺财物作为补给。

淳朴的岛民们并不知道这些情况，可是当他们看清了越来越大的"黑点"是比部落中最大的渔船还要大得多的战船时，便预感到灾难即将来临。那些站在甲板上的马其顿人一个个衣着怪异、面容凶恶，身上还佩戴着武器，人数有上千人。因为没见过这种阵势，岛民们一下子慌乱起来，哭的哭，叫的叫，一个个显得六神无主。这时候，部落的首领却显得格外镇定，他虽然脸上不露声色，但脑子里却在飞快地想着对策。情急之下，他突然想起祖先们在希腊诸神那里学到的取火方法，便有了主意。他立刻召集岛民们把自家的铜镜拿到海边来，并让他们拿着铜镜对着太阳站立在沙滩上。当大船越来越接近沙滩时，首领指挥岛民们拿起铜镜，将每面镜子的反射光都对准那艘最靠近岸边的大船。令马其顿人意想不到的事情发生了，船上先是冒起白烟，接着"轰"的一声，整艘船被包围在烈火之中。后面船上的士兵被前面的情景吓呆了，只见岸上亮闪闪的一片，大船在亮光的照耀下燃为灰烬。他们以为岛上的人掌握了什么先进武器，顿时惊慌失措，急忙调转船头狼狈而逃。

岸上的人们看着惶惶离去的船队，不禁为取得的胜利而欢呼，为团结一心战胜强敌而雀跃，更为有一位足智多谋的首领而骄傲。

说到这里，读者们应该明白太阳光的威力了吧？你们也许不相信，地球表面每秒钟接收到的太阳光的总能量相当于 550 万吨煤完全燃烧释放出来的能量，只不过太阳光是普照大地的，如果像故事里说的那样把它聚集起来，那么对人类的贡献可就惊人了。

利用阳光退敌兵，充分显示了太阳能的威力，也道出了有"科学之母"之称的地理学无所不包、无所不能的强大力量。为什么说地理学是"科学之母"呢？这就要从地理学的概念谈起。

"地理"一词最早出现在《易经》中："仰以观于天文，俯以察于地理，是故知幽明之故。"地球是人类赖以生存的家园，人类一直十分关心地球表面的状况，于是产生了各种地理概念。随着社会发展，地理知识逐步积累，形成了一门研究地球及其特征、现象和居民的学问，这就是地理学。

英文中的"地理学"一词 geography 源自希腊文，意思是描述地球表面的科学。这门学科的主要任务是描述和分析发生在地球表面上的自然、人文现象的空间变化，并且探究它们之间的相互关系。

地理学是一门古老的科学,年代久远、内容丰富,因此被称为"科学之母"。

古代地理学主要是探索地球的形状、大小及其相关测量方法,或者对已知国家和地区进行描述。到了今天,地理学已经成为一门范围广泛的学科。地球表面现象的任何空间变化类型都要受到自然界和人类生活的诸多因素制约,因此地理学不仅局限于地球的绘图与勘察,还要深入生物学、社会学等学科。比如非洲沙漠化,表面看是由于干旱造成的,究其原因是因为过度放牧、农业扩展而使环境恶化加剧造成的。虽然有些地球表面现象都是其他领域的学者研究发现的,但并非地理学就不起作用了,它的特殊任务是调查研究分布模式、地域配合、链接各组成部分的网络及其相互作用。

地理学一般分为自然地理学、人文地理学和地理信息系统 3 个分支。自然地理学是研究地貌、土壤等地球表层自然现象的科学,还包括自然灾害、土地利用与覆盖、生态环境与地理之间的关系等。人文地理学内容很广泛,包括历史地理学、文化与社会地理学、人口地理学、政治地理学、经济地理学和城市地理学等。地理信息系统是计算机技术与现代地理学相结合的产物,指的是利用计算机技术,为研究地理现象提供决策依据。

小知识

郦道元(约公元 470 年～公元 527 年),字善长,北魏范阳郡涿县(今河北省涿州市)人,著名地理学家、文学家。著有《水经注》,共 40 卷,是古代中国最全面、最系统的综合性地理著作。

被台风拯救的国家

地理学的发展分为 3 个时期:古代地理学、近代地理学和现代地理学。远古至 18 世纪末,是古代地理学时期,以描述性记载地理知识为主;从 19 世纪初到 20 世纪 50 年代,是近代地理学时期,这段时间内学派林立,部门地理学蓬勃发展;从 20 世纪 60 年代起,地理学进入现代地理学时期。

提起台风,人们往往会把它和海啸、地震、火山喷发等联想在一起,成为自然界灾害的象征。而日本人却对台风情有独钟,虔诚地称其为"神风"。为什么日本人会将这样一种灾害性的自然现象与保佑一方平安的神灵结合起来呢? 这是由于日本在镰仓幕府时期,曾两次得益于台风的"保佑",才免去了人为的灾难。

公元 13 世纪中期,与日本一衣带水的中国大陆发生了大变动,元世祖忽必烈指挥蒙古铁骑驰骋南下,统一中国,建立了元朝。可是在统一期间,蒙古军每到一处都会受到当地军民英勇的阻挠和反抗,伤亡惨重。这使忽必烈非常恼怒,由此每占领一个地方,他就大发淫威,烧杀掠夺,仅攻打扬州,就使该城的百姓几乎灭绝。这种骄横野蛮的行为,在忽必烈统治中国后更为嚣张,他凭借强大的军事实力,决定跨海东征日本。

可是骑惯了战马的蒙古兵如何驾驶得了战船? 更要命的是习惯了内陆性气候的他们根本不了解变化无常的海洋性气候。蒙古军这样贸然出海东征,后果很难预料。

公元 1274 年夏秋季,正是台风肆虐的时节,不可一世的蒙古军来到琉球外海,遭遇到强台风的袭击。这群蒙古勇士还未到战场,就被老天打败了,台风第一次"保卫"了日本人民。但忽必烈并不甘心,公元 1281 年,他又一次派兵东征。也许是他太自傲了,不但不接受教训,反而选择了与上一次出征同样的季节。

后果可想而知,台风又一次将蒙古军队打败了。日本人早就听说横扫欧亚大

明治六年(即公元 1873 年)8 月 20 日,日本政府发行了一套"大日本帝国通用纸币"。其中,一日元纸币的背面主景图案,描绘的是日军击溃中国元朝军队的战争场面。

5

陆的蒙古军队的强悍,因此得知他们东征,十分担心会遭到灭顶之灾,没有想到老天帮忙,将元军阻挡在了家门之外,这是多么值得庆贺的事情。因此,他们就将以前带来自然灾害而现在却让他们避免了战争灾难的台风视做"神风"。

再说元朝政府,经过两次无功而返、遭到天谴的东征,他们不得不认真反思,最终决定与"神灵护佑"的日本友好相处。日本当时正是镰仓幕府执政时期,他们也不愿与强大的元朝对抗,于是借坡下驴,不再持敌对态度,继续两国的友好往来。

古代人由于对科学知识的了解有限,致使许多自然现象都蒙上了神秘的色彩,所以才有了"神风"之说。

地理学的发展分为3个时期:古代地理学、近代地理学和现代地理学。

从远古至18世纪末,是古代地理学时期,以描述性记载地理知识为主,所记载的知识多是片段性的,缺乏理论体系。这时期的主要成就有中国的《尚书·禹贡》、《管子·地员》、《山海经》、《水经注》等,都是世界上早期地理学史料;到了后期,欧洲涌现出哥伦布、麦哲伦、达·伽马等探险家,促成了地理大发现,推动了地理学的发展。

18世纪末19世纪初,地理学出现了一个重要转折,进入近代地理学时期。此时期的标志是德国洪堡的《宇宙》和李特尔的《地学通论》两书问世。近代地理学经过了19世纪初到20世纪50年代,这段时间内学派林立,部门地理学蓬勃发展。例如洪堡在自然地理学、植物地理学方面奠定了基础;美国的戴维斯和德国的彭克分别创立了"侵蚀轮回学说"和"山坡平行后退理论",标志着地貌学的建立;英国华莱士对世界动物进行区划;李特尔和拉采尔建立了人文地理学等。

从20世纪60年代起,地理学进入现代地理学时期。这是现代科技革命的产物,并随着科技发展而进步。此时期的标志性事件是地理数量方法、理论地理学的诞生,以及计算机制图、地理信息系统、卫星的应用。现代地理学具有统一性、理论化、数量化、行为化和生态化的特点。由于世界各地经济开发和环境保护的需要,地理学成为了一门有着坚实理论基础的基础性学科,也是与生产实践密切联系的应用性学科。

小知识

　　沈括(公元1031年～公元1095年),北宋科学家、改革家,精通天文、数学、物理学、化学、地质学、气象学、地理学、农学和医学,晚年撰写了笔记体巨著《梦溪笔谈》。

寻找"黑金"的人

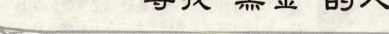

地理学的研究对象是地球表面。地球表面是地球各个圈层相互交界的界面,具有一定的面积和厚度。在地球表面,各种自然现象和人文现象共同形成宏大的地表综合体。

威廉·史密斯15岁时,成了一名标尺工。标尺工是土地测量员的助手,是一个苦差事,需要长年累月在山林旷野间奔波,饱受风吹雨淋。但是年少的史密斯没有被艰苦的工作吓倒,反而磨炼了意志,积累了经验。

有一次,史密斯跟随测量队在英国南部某矿山工作。当时,人们还不了解煤的形成,更不清楚蕴藏煤的地质结构,所以采煤是一项盲目性很大的工作。史密斯在矿区工作后,矿工们自然与他谈到这一问题。于是,史密斯在测量工作之余,开始仔细观察煤层的围岩和上下地质的特征。

经过一番细心观察,史密斯发现煤层附近往往有一些含有植物化石较多的地层,于是他认为可以把某些特定植物化石的地层作为找煤的依据。而且他进一步研究发现,在煤层上面有一层不含化石的红土层,在红土层上面是富含贝壳类化石的沙石层,也就是说,如果能够找到沙石层挖下去,就会找到煤矿。

史密斯把自己的发现告诉矿工,这些人按照他说的去做,果然屡试不爽。

对于煤层的研究,极大地鼓舞了史密斯,使他对地层和古生物王国有了更浓厚的兴趣。后来他被提升为正式测量员,这给了他更多的研究机会。一次,他在参与开凿运河的工程中,挖出了各式各样的化石,有菌石、贝壳类化石等。有了上次找煤的经验,史密斯立刻想到这些化石可能与某种地层有关。

在接下来的岁月中,史密斯致力于地层与化石的研究,经过12年的野外实践和不断思考,他提出了"把含有相同化石的地层看做是同一时期形成"的理论。对于一位年仅27岁的土地测量员来说,发现了尚未被当时地质学界知晓的问题,实在是一个奇迹。

然而史密斯并没止步于此,他开始更深入地钻研,在运河沿岸,他观察了大量岩石,发现沉积岩中的化石,从底部到顶部按照特定的规律和次序排列。这种次序在其他岩层中也同样存在,甚至在英国其他地区也是如此。根据这一发现,他得出了结论:每一地层含有特定的化石或化石组合,并可以以此来与其他地层相区分,这就是著名的"化石层序律"。这一理论的提出,震动了整个英国地质学界。

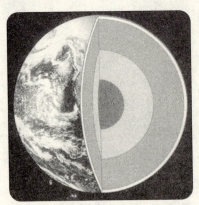

地球岩石圈示意图

长期的实践和研究,为史密斯储备了大量的第一手资料。1815年,他绘制完成的世界上第一幅地质图正式出版。由于在地质学方面作出了卓越的贡献,史密斯被尊称为"英国地质学之父"。

史密斯的努力探索,引出了地理学的研究对象问题。简单地说,地理学就是研究地球表面的科学。那么什么是地球表面?它又包括哪些内容呢?古往今来,无数地理学者奔波在地球上,曾经用"地理壳"、"景观壳"、"地球表层"等术语称呼地球表面。如今地球表面有了科学的定义,它是地球各个圈层相互交界的界面,具有一定的面积和厚度。在地球表面,各种自然现象和人文现象共同形成宏大的地表综合体。它具有以下特征:

第一,地球表面由5个同心圈组成,分别指大气圈、岩石圈、水圈、生物圈和人类圈。这些圈层组成了地球表面这个综合体,岩石圈、大气圈和水圈是无机物质,是最早出现的;生物圈及其相关的土壤,是在无机圈基础上发展起来的;人类是在生物圈发展过程中的产物。

第二,地球表面是不均一的,存在明显的区域分异。这种现象主要由于太阳能分布不均和地球内能分布不均所造成。人类是在一定环境下生存和发展的,因此人类社会也存在明显区域差异,比如文化差异、人种差异等。

第三,地球表面是不断变化的。地球表面形成过程中,大陆和海洋几经变迁、生物由海洋发展到陆地、由简单到复杂……自然地理的变化影响到人文地理,人文地理又反作用于自然地理。尤其是现代工业化社会,人类活动深刻地影响着地球表面,比如过度砍伐、污染、沙漠化加重、人口急剧增加、消耗大量资源等。

小知识

徐霞客(公元1587年～公元1641年),名弘祖,字振之,号霞客,明代伟大的地理学家、旅行家和探险家。他撰写的《徐霞客游记》开辟了地理学上系统观察自然、描述自然的新方向,是中国古代系统考察地貌、地质的地理名著。

日食带来的和平

地球表面是由大气圈、岩石圈、水圈、生物圈和人类圈组成的综合体,各圈层之间相互作用、相互影响。

"天狗吞日"是中国流传很广的传说,无独有偶,在国外的很多地方也流行魔鬼吃掉太阳的说法,其实指的都是日食现象。因为古人缺乏科学知识,不能解释为什么会发生这种现象,所以才有了许多奇怪的说法。令人称奇的是,古希腊科学家泰勒斯曾巧妙地利用日食这一自然现象,结束了一场旷日持久的战争。

故事的起因是这样的:公元前6世纪,在安纳托利亚高原上,即今天的土耳其境内,生活着好几个部落组织。一次,米底王国联合两河流域下游的迦勒底人,攻占了亚述的首都尼尼微,亚述的国土被瓜分。米底占领了今天伊朗的大部分地区,但他们还不满足,打算继续向西扩张。在西进途中,他们遭遇到吕底亚王国的顽强抵抗。两个国家谁也不肯认输,在哈吕斯河一带展开了拉锯战。

这场战争持续了5年之久,双方的怨恨不但没有削减,反而与日俱增。残酷战争使得百姓们陷入苦难深渊,流离失所,无家可归。

当时的希腊有一位著名科学家叫泰勒斯,他不仅精通哲学、数学,还对天文有着深入的研究。他见战火不停地燃烧,危害着人类的安全,便决心制止这场惨烈的争斗。经过仔细思考和推算,泰勒斯发现公元前585年5月28日这天,当地将会出现日全食,于是他想:"如果利用这次日全食,一定可以阻止战争持续下去。"所以他开始四处宣传:"苍天已经震怒,如果人间再不结束争斗,他将会收回太阳,让大地永远失去光明,让人类永远生活在黑暗之中。"

一开始,交战双方都不以为然,他们都认为上天是自己的庇护者,一定不会为难自己,所以他们根本听不进泰勒斯的话,仍然我行我素,愈战愈烈。5月28日很快来到了,这天双方仍在战场激战。忽然间,天空出现了一团黑影,犹如神灵指挥一般,闯入光芒四射的太阳中间。这时大地上的阳光慢慢减弱,仿佛黄昏来临,本来温暖的和风变得凉爽了起来,动物也开始躁动不安。不一会儿,黑影将太阳全部吞没了,刹那间大地犹如被黑夜笼罩,漆黑一片,天上闪现出点点星辰。

白天消失了,交战双方陷入了茫茫黑暗中,他们恐慌起来,纷纷扔下手里的武器,有些人还跪在地上不停祈祷。就在战斗停止的瞬间,天空又出现了奇异的现

在日全食期间，人们可以看到太阳的外层大气。这层大气被称为日冕，颜色像白色的珍珠，有纤维状的羽毛似的特征物，所以古埃及人把太阳看做是有翼的。

象，刚才被黑影吞去的太阳又被慢慢"吐"了出来，大地又恢复了光明。

这种神奇的变化彻底震惊了交战双方，他们想起了泰勒斯的警告，并且认为不能继续违背苍天的旨意了，停止战斗才是唯一的出路。于是，双方同意握手言和，并择日签订了和平契约。

就这样，泰勒斯利用日食这种天文现象，聪明地平息了双方这场旷日持久的战争。

从天上到地下，从日食到战争，看似互不关联的事物为何会纠缠到一起呢？这就不得不提到地球表面的 5 个圈层之间的关系了。

前文说过，地球表面是 5 个圈层的综合体，这 5 个圈层分别是大气圈、岩石圈、水圈、生物圈和人类圈。

大气圈，也叫大气对流层，主要由气态物质组成，也包括部分液态水和固体颗粒。对流层与地面和水面接触，其中的各种要素都会受到下垫面的强烈影响。也就是说，大气圈与其他圈层之间有着互相作用、互相影响的关系。

岩石圈，上部主要由固体物质组成，包括部分气态、液态物质和微生物。岩石圈是生物和人类赖以生存的场所，在这里，各圈层之间互相作用、相互影响最为集中。

水圈，主要由液态水组成，包括海洋、陆地地表水和地下水。地球表面物质和能量不断循环，水圈在其中起着重要作用，同时，水还是生物和人类生存的基础。

生物圈，是有生命活动的圈层，包括植物、动物和微生物。生物圈与大气圈、岩石圈上部、水圈交错存在，共同组成一个复杂而巨大的自然综合体。

人类圈，是地球表面形成和发展过程中的一个重要产物。人类通过无与伦比的智慧和劳动，不断地影响、改造着其他的圈层，进而创造了独一无二的新世界，这就是人类圈。人类圈以独有的方式与其他圈层共存，互相影响，互相作用。

小知识

张衡（公元 78 年～公元 139 年），字平子，东汉时期伟大的天文学家、地理学家、制图学家、数学家，为天文学、机械技术、地震学的发展作出了不可磨灭的贡献。由于他的突出成就，联合国天文组织曾将太阳系中的 1802 号小行星命名为"张衡星"。

水滴石穿的教训体现了岩石圈特色

岩石圈的三大类岩石：岩浆岩、变质岩和沉积岩不断循环转化，形成了我们看到的山川、盆地等地貌特征。

北宋时期，有一位大臣叫张咏，又名张乖崖。此人做县令期间，做了一件流传后世的事，并留下了"水滴石穿"这个成语。

关于这件事，还要从他 35 岁时到崇阳县做县令说起：张乖崖就任的崇阳县，当时的社会风气很差，盗窃成风，就连县衙的钱库也屡屡遭受失窃之苦。张乖崖上任后，决定狠狠整治一下这股歪风。

一天，张乖崖到衙门周围巡行，不知不觉来到钱库门口。说来也巧，他刚停住脚步，就见一个管理钱库的小吏慌慌张张地从里面走了出来，正好与他撞了个正着。

张乖崖连忙喊住他："为何如此慌张？"

小吏头也不抬，嘟嚷道："没什么。"

张乖崖是一个有心人，他联想到钱库经常失窃的事，便怀疑可能是库吏监守自盗，于是命令随从人员搜查这名库吏。

果然，随从在库吏的头巾里搜出一枚铜钱。古代男人留长发，并且盘成发髻，然后用布包住，用绳子扎起来。这个库吏把铜钱藏在了头巾里。

张乖崖立刻升堂审问库吏。库吏供认不讳，承认是自己偷盗了一枚铜钱，但他觉得没必要小题大做，于是满不在乎地说："不就是一枚铜钱吗？何必如此大费周折。"

张乖崖走到库吏面前义正词严地说："钱虽然只有一文，可是这是公家的钱。你作为钱库看守者，利用职务之便盗取，就是大错！"说完，他命人打库吏板子。

为了一文钱挨板子，库吏相当不服气，公然叫嚷起来："一文钱有什么了不起，你虽然可以命人打我，却不能杀我！"

张乖崖见库吏不知悔改，不由得勃然大怒，他转过身去，果断地抓起案上的朱砂笔，当即写下 16 个字的判词："一日一钱，千日千钱。绳锯木断，水滴石穿。"写完后，他把判词扔给库吏，然后吩咐衙役把库吏押到刑场，斩首示众。

从那以后，崇阳县的偷盗之风渐渐消失，社会风气大大好转。

水为什么可以洞穿岩石？有很多种解释,比如有人认为是长久坚持的结果,有人认为是水中的碳酸溶解了岩石,还有人认为水滴落下时,产生了强大的冲击力。不管哪种解释,有一点我们都没有注意,就是岩石的特色。

喷出地表的岩浆

岩石是岩石圈中的主要物质,包括岩浆岩、变质岩和沉积岩三类。岩浆岩是在地球内部压力下,岩浆沿着岩石圈薄弱地带侵入岩石圈上部,或者喷出地表,冷却凝固而成。岩浆岩裸露在地表,经过风吹日晒以及生物作用,会分解成沙砾、泥土,这些物质在风、流水的作用下,形成沉积岩。沉积岩如果在一定温度和压力下会发生变质,就是变质岩。

当岩石在岩石圈深处或者岩石圈以下,发生重熔再生作用时,又会变成新的岩浆。这些岩浆可以再次形成岩浆岩、沉积岩、变质岩。如此周而复始,使岩石圈的物质总是不断循环转化。

岩石圈物质循环在地表留下的痕迹,形成了我们看到的山川、盆地等地貌特征。

岩石圈是现代地理学中研究最多、最详细、最彻底的一部分,主要分为六大板块:欧亚板块、太平洋板块、美洲板块、非洲板块、印度洋板块和南极洲板块。

1914年,巴雷尔最早提出岩石圈概念,包括地壳和上地幔上部。由于这两部分全部由岩石组成,所以地质学家统称为岩石圈。

地壳分为大陆地壳和大洋地壳,只占地球体积的8‰。地幔是地球的主要组成部分,约占地球体积的82%,位于地核之外,是由巨厚硅酸盐构成的圈层,而构成岩石圈的地幔上部主要由橄榄岩类组成。

了解了岩石圈的主要特色和岩石的形成过程,所谓的"水滴石穿"也就不足为怪了。

小知识

郭守敬(公元1231年～公元1316年),字若思,元朝天文学家、数学家、水利专家和仪器制造专家。他修订的新历法——《授时历》,通行360多年,是当时世界上最先进的一种历法。国际天文学会以他的名字为月球上的一座环形山命名。

大禹治水充分利用地形特点

地形，指的是地物形状和地貌的总称，也就是地表上各种固体性物质呈现出的高低起伏的状态。地表起伏的大体趋势，被称做地势；地表起伏的形态叫地貌，包括山地、高原、平原、丘陵、盆地五类。

我们都要饮水、洗澡、洗衣和做饭。大部分时间，水是非常温和而友善的。但是，如果水无情肆虐，也会造成水患，给人类带来灾难。中国是地球上水灾频发的地区之一，早在 4 000 多年前，古人已经懂得对水患加以治理了。那时，中国从原始社会向奴隶社会过渡，处于父系氏族公社时期，生产力极其落后，加上年年水灾，弄得民不聊生，人口迅速减少。

尧管理天下的时候，为了治理水患，召集各个部落首领一起商量对策，首领们一致推荐鲧去治理洪水。

鲧受命后，认为用堵的方法可以对付洪水，于是他带领人们筑起土围墙，一旦洪水来袭，就不断加厚加高土层。可是洪水凶猛，土墙难以抵挡得住，结果他治水9 年，不但没有制服洪水，还让百姓遭受了更大的损失。

20 年后，舜接替了尧的职位，成为新的天下共主。舜认为鲧治水不力，有罪于百姓，就把他处死了，并命令鲧的儿子禹继续治水。为了方便禹治水，舜还调集了一些部落首领进行协助。

禹一开始学习父亲的策略，采用防堵的办法。可是他发现，被堤坝拦截的洪水反而威力更大，而且毁坏力惊人。试了多次之后，他终于明白了一个道理：只用堵的办法是行不通的，如果该堵的堵，该泄的泄，让水顺着地势往低处流，自然会把水引出去。于是他开始勘测各地的地势高低，顺着水流的方向开挖河川，疏导河道，引水入海。

为了考察水源和地势，禹和他的助手

大禹治水画像石

们翻山越岭,风餐露宿,历经千般辛苦,走遍中华大地。在了解了各地的水情后,禹便根据具体情况制订治理水患的方案。当时跟随他治水的百姓有 20 多万人,他们拿着各种简陋的工具,早出晚归,任劳任怨地忙碌在治水的第一线。

有一次,禹和他的治水团队路过河南洛阳南郊,看到一座东西走向的高山,在山的中段有股细流从天然缺口处缓缓流出,似乎没有什么危害。可是当地人告诉禹:"一旦发生特大洪水,水流就会被大山挡住去路。这时缺口处就会形成旋转的涡流,如此一来,当地百姓就会遭遇大劫难。"

禹听了这个情况,察看山势之后,立即决定从缺口处劈开大山,加宽水流的通道。要想劈开一座大山谈何容易?何况当时还没有进入铁器时代,困难程度可想而知。然而,禹和参与治水的所有人都没有退缩,为了不让百姓遭难,他们不怕苦不怕累,举起用石头、木头、骨头等制作的工具,硬是将山一劈为二,引流泄洪,进而保障了当地百姓的长久安宁。

大禹治水,顺势利导,在于他了解地形的特点。地形,指的是地物形状和地貌的总称,也就是地表上各种固体性物质呈现出的高低起伏的状态。地表起伏的大体趋势,叫做地势;地表起伏的形态叫地貌,包括山地、高原、平原、丘陵、盆地五类。地形并非一成不变,而是随着内力和外力的共同作用,时刻发生变化。其中,在外力作用下可以形成河流、三角洲、瀑布、沙漠等。

地球上七大洲的地形各具特色:

欧洲地势低平,以平原为主,是世界上海拔最低的洲。

亚洲的地形非常复杂,主要特点是中部高、四周低,高原、山地占据中部广大地区,约占全洲面积的 3/4,平原分布在周围地区。

世界地形图

非洲的地形以高原为主,起伏不大,因此又称"高原大陆"。

美洲地形也比较复杂,由山地、高原和平原组成,西部多高山,中部是广阔的平原,东部是高原。

大洋洲与美洲地形类似,也由三大地形组成,中部是平原,西部是高原,东部是山地。

南极洲终年覆盖厚厚的冰雪,平均海拔超过 2 000 米,是世界上海拔最高的洲。

除了陆地,地球上遍布四大洋,构成了海底地形。海底地形包括两大类:

1. 大陆架。大陆向海洋延伸的部分,构成了大陆架,其海区靠近大陆,深度一般不超过 200 米。大陆架的外缘有一个巨大的陡坡,叫做大陆坡,水深从几百米猛增到几千米。

2. 大陆坡以外到大洋底部,其中靠近大陆坡的海底往往分布着深深的海沟,海底大部分地区是广阔的洋盆,中央绵延着长长的海岭。

小知识

　　裴秀(公元 223 年～公元 271 年),字季彦,中国魏晋时期杰出的地图学家。李约瑟称他为"中国科学制图学之父",与古希腊著名地图学家托勒密齐名。

老马识途在于熟记地貌特征

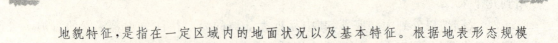

地貌特征,是指在一定区域内的地面状况以及基本特征。根据地表形态规模大小,分为全球地貌、巨地貌、大地貌、中地貌、小地貌、微地貌等。

春秋时期,诸侯争霸,割据一方,偏远地区的少数民族也趁机袭扰边境,掠夺中原财物。一次,北方的山戎进攻燕国,燕国国王派人去齐国求救。齐桓公听从管仲的意见,亲自率领大军前来解救。

可是当齐军赶到燕国时,山戎早已抢劫完财物,逃得无影无踪了。于是,齐桓公就联合燕国,以及山戎的仇敌无终国,一同向北追击逃跑的敌人。

山戎知道寡不敌众,就向孤竹国求救。孤竹国当然也不敢拿鸡蛋去碰石头,他们想了一个计策,想把联军引入"迷谷",那里是一望无际的沙漠,进去的人根本无法辨别方向。一旦联军进入圈套,那么就不费吹灰之力,让其束手就擒。

果然,联军中了孤竹国的诡计,被引入到茫茫沙海,很快就迷失了方向。那时候,天已经黑了下来,寒风刺骨,冻得士兵们瑟瑟发抖,好不容易熬到天亮,却发现不少人马已经走失了。齐桓公带领大部队转来转去,怎么也找不到出路,走不出这个变幻莫测的迷谷。

眼见情况越来越不妙,如果大军再找不到走出迷谷的路,就会困死,导致全军覆没。在这危急时刻,管仲突然想到,狗即便离家再远,也能够顺利地寻找到家,既然狗能认得来时的路,想必军中的战马也能够记路,特别是那些征战沙场多年的老马,一定认识路途。于是,他就对齐桓公说:"大王,我听说很多老马都有认路的本事,既然无终国的很多战马都是从山戎买来的,它们肯定认得回山戎的路。我们不妨精选几匹无终国的优良战马,让它们在前边带路,这样就可以带领我们走出迷谷了。"

齐桓公听后,半信半疑,抱着试试看的心理,点头同意。得到齐桓公的允许,管仲立刻叫来无终国的将领,挑选出几匹随军多年的老马,把缰绳解开,任由它们自由行走,而齐桓公则率领大军紧随其后。说来神奇,这些老马好像经过商量了一样,都步调一致地朝同一个方向前进。就这样,大军跟随着几匹老马绕来转去,最后顺利地走出了茫茫沙漠,找到了山戎的藏身之地,一举击溃了他们。

经过这件事,大家更加佩服管仲的智谋了,"老马识途"这个成语也因此广泛流传开来。

老马识途,在于它们熟记四周的地貌特征。地貌特征,是指在一定区域内的地面状况以及基本特征。每个区域的地貌特征都不一样,根据地表形态规模大小,分为全球地貌、巨地貌、大地貌、中地貌、小地貌、微地貌等。大陆和洋盆是地表最大的地貌景观,较小的有沙波、沙垄、潮水沟、石窝等。老马识途,正是因为它们记住了这些微地貌特征。

丹霞地貌

中国地貌的总体特征是西高东低,自西向东,形成一个层层降低的阶梯状斜面,包括山地、高原、丘陵、盆地、平原五大基本类型。

在世界上,有许多非常著名的地貌类型,例如丹霞地貌、刚果盆地、安第斯山脉等。丹霞地貌,是指一种有着特殊地貌特征,与众不同的红颜色的地貌景观。丹霞主要由红色砂岩和砾岩组成,如同深红色的霞光,故而得名。2010年8月,"中国丹霞"被正式列入《世界遗产名录》。

地貌是自然地理环境的重要要素之一,对人类生产和生活影响深刻。虽然地貌可以作为一个区域的特征,但是地貌也会变化,其发展变化的物质过程叫做地貌过程。这个过程包括内力和外力两种营力。地貌也可以称为地形,不过这两个概念在使用上存在区别。比如地形图,一般指比例尺大于1:1 000 000,着重反映地表形态的普通地图;而地貌图,则主要是反映地貌形态成因,或者某一地貌要素的专题地图。

小知识

徐光启(公元1562年～公元1633年),明末科学家、农学家、政治家、数学家、军事家,中西文化交流的先驱之一,是上海地区最早的天主教徒,被称为"圣教三柱石"之首。他在天文学上的成就主要是主持历法的修订和《崇祯历书》的编译。编著《农政全书》,译有《几何原本》、《泰西水法》等。

总统密友探访地形、气候与植物的关系

植物地理学,也叫地植物学,主要研究植被的空间分布规律,植被的组分、性质的分布类型,及其形成原因、发展动态和应用等。

1796年,亚历山大·冯·洪堡的母亲去世,他继承了一笔可观的遗产,终于能够实现自己周游世界的梦想了。经过几次尝试失败后,亚历山大·冯·洪堡最终受雇于西班牙国王,并于1799年夏到达美洲。初次来到这新发现的南美洲大陆,大自然的一切都令他感到好奇。

亚历山大·冯·洪堡在这片土地上旅行了5年,高山大川都留下了他攀登过的足迹。从野兽隐没的原始密林、人迹罕至的热带草原,到藏匿于河床下、洞穴里的未开化的原始部落,他都进行了造访。为了考察厄瓜多尔境内的一座火山,收集从地球内部释放出来的气体,他一再冒险走下活火山口中的深处。经过仔细观察和研究,他断言花岗岩、片麻岩和其他结晶岩都是火成岩。

他在委内瑞拉最大的河——奥里诺科河上划船行驶2 000千米,对大部分无人居住的森林区进行了测量制图,证实该河经由一条支流与南美第一大河亚马孙河相通。不仅如此,亚历山大·冯·洪堡还攀登了厄瓜多尔的最高峰钦博腊索山,登上海拔约5 878米的高处,创造了当时新的登山纪录。在高山峻岭之中,他用空盒气压表测定高度,用温度表测定气温,用磁力仪测定地球磁场,观察热带山区的气温、气压、植物和农业随高度不同而明显变化的有趣现象,并且指出气候不仅受纬度影响,还与海拔高度、离海远近、风向等因素有关。他首创了等温线、等压线的概念,并且绘制出了世界等温线图。

亚历山大·冯·洪堡画像

这次中、南美洲的旅行考察,总行程达65 000千米,相当于绕行地球一圈半的长度,成了亚历山大·冯·洪堡开创其一生伟大事业的转折点。

从美洲归来时，亚历山大·冯·洪堡受到了人们的热烈欢迎。与他交往的人中包括约翰·沃尔夫冈·冯·歌德、美国总统托马斯·杰弗逊和许多其他的国家政要，以及世界著名的科学家、艺术家和学者等。后来，美国总统杰斐逊与他成为密友，两人终生关系密切。

亚历山大·冯·洪堡终身未娶，回柏林后常住其兄之家。从 1834 年起，他每天伏案十几个小时，致力于他一生艰苦跋涉和辛勤研究的结晶——《宇宙》一书的著述。虽然政治动乱妨碍他的工作，但他仍著述不辍，直到离世。该书共五卷，第一卷于 1845 年出版，当时他已 76 岁了；第五卷则是在他死后根据他遗留下的大量笔记于 1862 年整理付印的。该书将亚历山大·冯·洪堡一生所有的钻研和发现都汇集在一起，其内容像书名一样广泛而丰富。

亚历山大·冯·洪堡去世后，享受了国葬的待遇。他不仅仅是德国的瑰宝，也是世界之瑰宝。

亚历山大·冯·洪堡一生贡献卓著，尤其在植物地理学领域，揭示了植物与地形、气候的关系问题。植物地理学，也叫地植物学，主要研究植被的空间分布规律，植被的组分、性质的分布类型，及其形成原因、发展动态和应用等。

植物地理学与生态学、地质学、古生物学、土壤学密切相连，通过这些学科的研究，可以帮助人们认识植物和植被的分布现象。

目前，随着科学理论、研究手段的更新，植物地理学也面临变革，呈现两个趋势：一是由定性走向定量，二是描述与实验配合。首先，在植物区系研究中，为了获得可靠的、有意义的数据，不仅需要绘制种的分布区，还要对植物群落定量地估算、定量地鉴定，要求广泛采用统计技术，使调查分析结果更精确。其次，随着计算机的推广使用，为植物地理学研究搜集、储存和处理巨大容量的数据提供了可能性。因此一些植物地理学者开始借助计算机，致力于建立和检验理论模型，根据模型进行植被类型与动态预测研究。

小知识

阿那克西曼德（公元前 610 年～公元前 546 年），古希腊哲学家，是绘制世界上第一张全球地图的人。他认识到天体环绕北极星运转，所以他将天空绘成一个完整的球体，从此，球体的概念首次进入天文学领域。

好大喜功的隋炀帝
开凿大运河贯通水系连接

水系，指的是地表径流在地表侵蚀后形成的河槽系统。根据水系形状，可分为树枝状水系、扇形水系、羽状水系、格子状水系和平行状水系。

京杭大运河贯穿大江南北，南边穿越长江，流经江苏、浙江两省，北边跨过黄河，流经山东、河北，烟波浩渺，浩浩荡荡，绵延上千里。它是人类文明的重要遗产，也是中华民族引以为豪的伟大工程。但是，开凿京杭大运河却给劳动人民带来了一场灾难。

隋炀帝画像

最早开凿大运河，是在隋朝时期。隋炀帝杨广当了皇帝没多久，便于公元604年开始征调大批民工，举全国的财力，兴建庞大的运河工程。隋炀帝究竟为什么要急着开凿一条运河呢？这其中的原委和一段传说有关。

相传，当时有一个会看天象的大臣，叫耿纯臣。一天，他来拜见隋炀帝，上奏道："臣夜观天象，发现睢阳不时有王气隐隐吐出，直上冲于房心之间，此名为天子之气。由于事关国家运数，臣不敢不奏闻。"

隋炀帝听了这话，连忙让他详细解释。

耿纯臣得到允可，立刻摇头晃脑，煞有其事地陈述起来，他说："气有多种，如果是红、黄二色，似烟非烟、似云非云，看起来具有龙形的，这叫做瑞气。一旦瑞气出现，那么人君一定会有祥瑞之事。如果气是白色的，像棉絮一般，晦昧不明，似有似无，这叫做妖气。妖气出现时，天下注定有大丧事，抑或发生兵变。如果气是中赤外黄，犹如丝缕，似乎随风就能飞舞，这叫做喜气。喜气出现，看到的人会有非常之喜。还有一种气叫胜气，如同赤光冲天，状若长虹，遇到胜气，预示天子将威服四海。另外，还有尸气，这种气……"

听到这里，隋炀帝不耐烦了，催促耿纯臣："你说了这么多，天子气到底是怎么回事？"

耿纯臣不慌不忙，改口而言："这天子气嘛，是独一无二的，具备青、黄、赤、白、黑五种颜色，或者结集为龙形，或者散开似凤形，唯有此气，才算得上天子气。"

隋炀帝说："你说睢阳有天子气，那里是不是要出天子？"

耿纯臣不敢正面回答，含糊地说："自古以来贤明朝代的更迭，多以 500 年为期。如果以此推论，500 年后，当地肯定有圣人诞生，所以臣请陛下早早修德禳之。"

"如何'修德禳之'？"隋炀帝感到很棘手。最后在诸多亲信的帮助下，想出了办法：开凿运河，穿过睢阳，如此一来，可以凿穿"王气"。也就是利用大运河，泄一泄睢阳的"王气"。

于是，隋炀帝强征几百万民工修筑运河，结果，成千上万的民工惨死在运河工地上，因而招致民间积怨深重，最终直接导致了隋朝的过早覆亡。运河不但没有泄掉"王气"，反而促使自己早死，这是隋炀帝说什么也想不到的。

关于京杭大运河的开凿，有多种说法，这里我们不去追究隋炀帝的功过得失，单从运河的作用来看，其意义不容忽视。

大运河北与海河相连，南与钱塘江相接，将海河、黄河、淮河、长江和钱塘江五大水系连成了统一的水运网，这是一个奇迹，促进了各地交流，推动了文化和经济的发展。

水系，指的是地表径流在地表侵蚀后形成的河槽系统。简单地说，流域里所有的河流，构成脉络相通的系统，就叫河系或水系，包括干流、支流、湖泊、沼泽、水库、运河等。根据水系形状，可分为树枝状水系、扇形水系、羽状水系、格子状水系和平行状水系。

树枝状水系，是水系中最常见的一种，干支流呈树枝状，一般在沉积岩和变质岩地区。

扇形水系，指干支流组合而成的流域

树枝状水系

轮廓，状如扇形。海河水系就是典型的扇形水系，这种水系汇流时间集中，容易造成洪涝灾害。

羽状水系，指的是干流两侧的支流分布比较均匀，形似羽毛状排列，这种水系汇流时间长,暴雨过后洪水消退过程较慢。中国西南纵谷地区,即是典型的羽状水系。

平行状水系,指的是近似平行排列汇入干流的水系。中国淮河蚌埠以上的水系,就是这种水系。当暴雨天气,暴雨中心从上游向下游移动时,容易发生洪水。

格子状水系,指干支流呈垂直相交状态的水系,比如中国闽江水系。

除了上述几种主要水系外,在世界上还分布着梳状水系、放射状水系、向心状水系等。

水系的特征,可以从河网密度、河系发育系数、河系不均匀系数、湖泊率和沼泽率几方面来表示。比如湖泊率和沼泽率越大,其对径流调节作用就越明显。

小知识

约翰·柯西·亚当斯(公元 1819 年～公元 1892 年),英国天文学家,海王星的发现者之一。他的研究还涉及月球运动长期加速现象、地磁场、狮子座流星雨轨道等领域,曾获得英国皇家天文学会的金质奖章。

逆流而上的石兽告诉人们水文特证

水文特征,指的是水的流量大小、泥沙的含量、有无结冰期等情况,具体包括:径流量,含沙量,有无汛期(凌汛),有无结冰期,水能资源是否丰富。

在清代时,沧州南面有一条水流湍急的沙河,河边建有一座寺庙,叫玄云寺。在通往寺庙的河面上有一座由四根铁索拉起的浮桥,而这四根铁索分别固定在岸边的两对大石兽身上,每个石兽高约 2 米,重达数吨,威风凛凛地屹立在河岸边。据说这庙里的菩萨挺灵,故浮桥上前来烧香拜佛的善男信女络绎不绝。

不料,某年一场百年不遇的特大洪水冲垮了浮桥,连带着四个石兽也纷纷落入汹涌的波涛之中不见了踪影。很多年过去了,因为没有了浮桥,玄云寺的香火也大不如以前。

香客们非常着急,于是召集了周围的村民商量集资,准备重修浮桥。一切准备就绪后,第一步是要把原来的四个石兽打捞上来。工匠们想,那么重的石兽滚落到河中,肯定被埋在落入时河床下面的沙石中了,于是将船划到河中,在落入处不停地挖掘,但几天下来连一个石兽也没挖着,工匠们十分沮丧。

这时,有一位过路的游客问明缘由后,取笑道:"你们也不想想,那么多年过去了,这里的水流又那么急,石兽怎么可能还在原地呢?早就被冲到下游去了,你们在这蛮干会有结果吗?"

工匠们虽然觉得这个人话不中听但却有道理,急忙带着工具,划着船慢慢向下游寻觅。奇怪的是,一连数日,他们沿河下行十多里,仍未找到石兽的半点踪影。工匠们非常纳闷,难道石兽长出了鳍游到大海里去了不成?

正当他们一筹莫展之际,玄云寺的方丈慧弦法师出来说话了:"大家何不到上游去看看,说不定石兽会在那里!"工匠们听罢,嘴里不说心里却在嘀咕:"法师怎么会出这么一个荒唐的主意,这么重的石兽在湍急的河水里,怎么可能逆水而上?"但由于慧弦法师的威望,工匠们还是半信半疑地驾船溯流寻找,几天过去了,正当他们心灰意冷时,突然在距石兽落水地上游约一里处发现了第一个石兽,这让工匠们惊诧不已。

紧接着几天,他们又在附近找到了另外三个石兽。众人看着被捞上来的石兽百思不得其解,暗忖道:"莫非是玄云寺的菩萨显灵了,才让石兽逆水而上的?"望着人们疑惑的神情,慧弦法师不疾不徐地道出了石兽逆水而上的原因,大家听后才恍然大悟。

　　其实这事说怪也不怪,道理非常简单。先说这沙河,水流湍急,从上游冲下来大量的泥沙,年复一年,淤积的泥沙使河床也随之逐年升高。当石兽落入河中,它又硬又重,而泥沙却比较松散,水冲不走石兽,但水的反作用力却在石兽的下面产生了回流,使石兽靠近上游的泥沙被水冲刷形成了坑穴。这样越冲越深,石兽失去平衡必定倒在坑穴里。如此这般周而复始,石兽不停地向上游移动,于是就逆流而上了。

　　下面具体分析一下水文的变化特点:

黄河是世界上含沙量最多的河流

　　1. 水位、流量大小及其季节变化是由降水决定的。当夏季降水丰沛时,河流流量增大,水位上升;冬季降水减少,水位随之下降。降水的季节变化大,水位变化也会明显。

　　2. 汛期长短,随着雨季长短而变化。雨季时间长,汛期长;反之,河流汛期短。凌汛是由洪水泛滥引发的自然灾害,河流有结冰期时,会产生凌汛现象(在冬季的封河期和春季的开河期时),水流由低纬度流向高纬度,低纬地区水表冰层破裂成块状,随水流向下游的高纬地区运动,当河堤狭窄时冰层不断堆积,造成江河水位明显上涨。一般来说,内流河不会产生凌汛现象,因为水量小,冬季有枯水期。

　　3. 含沙量多少,是由河流流经地区的植被覆盖情况和土质状况决定的。植被覆盖少,土质疏松的地段,河流含沙量大;反之,河流含沙量小。不过,内流河的含沙量一般与植被覆盖率关系不大。

　　4. 有无结冰期,是由河流流域内的气温决定的。很明显,最低月气温在0℃以下时,河流才结冰,0℃以上,当然无结冰期。

　　5. 河水流速大小,是由地形决定的。地形起伏大,落差大,流速就大;地形平坦,水流自然缓慢。

　　6. 水能是否丰富,是由河流流量和水位落差决定的。流量丰沛、落差大,水能资源丰富;反之,水能资源缺乏。

六月为什么飞雪

降水，通俗地说，就是从空中降落下来的雨、雪和雹的总称。降水分布有一定规律性，受到纬度、海陆位置、地形和洋流的影响。

在元朝的时候，有一位出生于读书人家的美丽小姑娘，从小替父抵债，嫁到一户生意人家。不料婚后不久，姑娘的丈夫被一场大病夺去了性命，从此她成了寡妇，和婆婆相依为命过日子。这个姑娘的名字叫窦娥。

有一天，窦娥的婆婆蔡婆去向赛卢医索债，没想到赛卢医不但赖账，还差一点将蔡婆杀害，幸亏当地的恶棍张驴儿救下了蔡婆。张驴儿仗着自己救下了蔡婆，整日往蔡婆家里跑，一来二去就看上了蔡婆的儿媳妇窦娥，于是就向蔡婆提出要娶窦娥。蔡婆哪肯将自己的儿媳妇嫁给这样一个恶棍，因此硬是不答应。

张驴儿后来想了一个计策：毒死蔡婆，直接将窦娥带回家。没想到张驴儿准备好的毒酒却阴差阳错地被自己的父亲喝掉了。失手毒死亲生父亲后，狡猾的张驴儿准备将计就计，嫁祸给蔡婆。

事有凑巧，这时候蔡婆为了消灾，主动给张驴儿送来了十两银子，让他安葬父亲。张驴儿一见，喜上眉梢，他立即拿着这十两银子作为证据，到县衙去控告蔡婆，说她毒死了自己的父亲，打算拿钱了事。

为了达到目的，张驴儿还贿赂了县令。县令在审讯的时候看蔡婆迟迟不招供，就要对其施以酷刑。善良的窦娥担心婆婆年老体衰经不住折磨，就说是自己毒死了张驴儿的父亲，结果她被判了死刑。

窦娥被押赴刑场，含冤受屈的她指天发誓，并发下三大愿：血溅素练、六月飞雪、楚州大旱三年。

窦娥死后，她的话果然都应验了，鲜血染红了素练，三伏天大雪纷飞，楚州三年大旱。过了三年，窦娥的父亲窦天章考取了状元，在执行公务时路过山阳。一天深夜，窦天章在批阅公文时突然看到女儿窦娥来到了自己的面前，她满脸泪痕地请求父亲为自己申冤昭雪。几天之

感天动地窦娥冤

后,窦天章开堂审案,窦娥的冤案最终得以真相大白,张驴儿、县令和赛卢医都得到了应有的惩罚。

故事中描述的"六月飞雪"历来是人们心目中冤案的象征。可是六月天为什么会下雪呢?难道真是上天有眼体察民情?还是另有他因?

从地理学上讲,"六月飞雪"并非不可能的事,这取决于降水分布的规律特性。降水,通俗地说,就是从空中降落下来的雨、雪和雹的总称。我们知道各地的降水情况是不一样的,受到地形、季节、气候等多种因素的影响。

从世界范围来看,降水分布有一定规律性:

1. 降水受纬度位置影响,降水量由赤道向两极递减。因为赤道附近海水广布,空气中水汽含量大。

2. 降水量还受到海陆位置影响,在同一纬度的地区,沿海降水量要高于内陆地区。很明显,沿海地区水汽较多,内陆地区水汽难以到达。

3. 降水还受到洋流因素影响,比如南美洲阿塔卡马沙漠虽然在太平洋东岸,但年降水量却不到 0.1 毫米,因为这个地方有寒流经过。研究发现,寒流经过的地区降水量明显减少,而暖流经过的地方雨量充沛。

4. 降水受地形影响。地形的起伏会影响水汽流动,因此,我们可以看到迎风山坡与背风山坡,降水情况差异很大。

地形不但影响降水,还是降水形成的主要因素之一。下面我们从降水的形成过程来解释一下为什么六月会下雪。形成降水需要三个条件:一、充足的水汽;二、暖湿空气能够抬升并冷却凝结;三、有较多的凝结核。

水汽在空中凝结时,一般距离地面三四千米。在这个高度上,水汽以雪花、冰雹、冷水的形式存在。冰雹不易融化,所以落到地面时,夏天经常见到。可是雪花在降落过程中,随着温度增高,很快融化变成雨水,所以夏天基本上见不到雪花。不过,由于夏天炎热,冷暖气流对流剧烈,这个时候,如果突起大风,迅速将含有雪花、冰雹的低空积雨云拉向地面,在局部气温过低的情况下,出现短暂的"六月飞雪",也不是不可能的。

"瞎操心"的杞人
不懂空间差异与空间体系

空间和时间,构成了宇宙。空间体系和空间的差异,构成了宇宙万物。空间的不同体系带有巨大的差异性,这种差异正是导致人类能够在地球上存在的先决条件之一。

从前在杞国,有一个胆子很小,而且有点神经质的人,常常会想到一些奇怪的问题,说出来总让人觉得莫名其妙。

某天,他在一棵大树下乘凉的时候,突然对邻居说:"如果有一天,天就像这棵树一样倒下来的话,我们岂不是都要被活活压死了,那个时候我们连逃跑的地方都没有,可怎么办才好呢?"邻居听了之后觉得很可笑,就没有搭理他。

可是杞人自从有了这个想法之后,便从早到晚考虑着"天会不会塌下来、塌下来了之后要往哪里跑"等问题。

过了几天,杞人在回家的路上看到一户人家的房子倒了,一个小孩被困在里面,大家都在想办法救人。看到这个景象,杞人更加担心,他似乎看到某一天天真的塌下来了。这可怎么办?他越想越觉得可怕,每天也不去田里干活,饭也吃不下去,觉也睡不好,真是坐卧不安,终日恍恍惚惚,魂不守舍。

杞人的邻居了解事情的经过后,实在看不下去了,就主动对他说:"你何必为这件事自寻烦恼呢?天是不会塌下来的。再说,即便真要塌下来,那也不是你一个人忧虑发愁就可以解决的,想开点吧!"听了邻居的劝说,杞人非但没有改变想法,反而更加担心了。从此以后,他好多年都对这个问题难以释怀,由于心神不安,愈来愈消瘦,随之又染上了可怕的疾病,最终一命呜呼。直到临死的时候,杞人还在担心天会不会塌下来。

这个故事后来浓缩为成语"杞人忧天",特指那些自寻烦恼的人。杞人的担忧到底有没有道理呢?为什么大家都不理解他呢?

何谓"天"?在地球的上空,有一层厚厚的大气层。太阳光经过色散后,形成了红、橙、黄、绿、蓝、靛、紫七种颜色,其中蓝、靛、紫三种颜色最弱,当太阳光穿过大气层时,红、橙、黄、绿四种光线很快穿过,而蓝光、靛光大部分被大气层扣留,被大气层里的浮尘、水滴挤来挤去,经过多次反射,把大气层"染"成了蓝色。

卫星拍摄地球图

由此可见,天空只是大气层,是不会塌下来的,杞人的担忧毫无道理。不过,杞人的忧虑反映了人类渴望探索天空、了解空间的心愿。我们常说"生活空间"一词,在地理学上,空间指的是地球表面的一部分,人类生存在地球的空间环境中;地球存在于太阳系的空间环境中;太阳又存在于银河系的空间环境中。也就是说,脱离了一定空间,地球、太阳、银河系就不是我们所指的具体的地球、太阳和银河系了。

空间和时间,构成了宇宙;空间体系和空间的差异,构成了宇宙万物。空间的不同体系有着巨大的差异性,这种差异正是导致人类能够在地球上存在的先决条件之一。

随着科技的发展,地理学研究逐步深入,空间问题也变得越发引人注目。第二次世界大战后,空间的位置意义、结构意义尤为突出,人类逐渐把空间体系作为自己生存发展的关键因素,来加以利用、开发和保护。

小知识

　　伊曼努尔·康德(公元 1724 年～公元 1804 年),德国哲学家、天文学家、"星云说"的创立者之一,德国古典唯心主义创始人。1754 年,他对"宇宙不变论"提出了大胆的怀疑。

为什么会有从天而降的大火

大气环流是指地球上各种规模和形式的空气运动的综合情况,其原动力是太阳辐射能。大气环流把热量和水分从一个地区输送到另一个地区,进而使高、低纬度之间,海、陆之间的热量和水分得到交换,调整了全球热量、水分的分布,是各地天气、气候形成和变化的重要因素。

1871年10月8日,对于美国芝加哥来说是非比寻常的一天。这一天,当人们像往常一样工作、玩乐时,谁也没有注意到灾难即将降临到自己的头上。突然间,万里无云的天空像是蒙上了一层布,变得昏暗起来,谁也没想到这是灾难之前的预兆。与此同时,消防队突然接到了火警消息。

接下来,更大的灾难降临整个城市。城市的各个地方都相继起火,就像是上帝的咒语般,没有任何力量能够阻止它向周围蔓延。芝加哥城内靠近湖边的一座金属造船台被烧熔成一团,城内一尊大理石雕像也被烧熔了。就连芝加哥周围的密歇根州、威斯康星州、内布拉斯加州、堪萨斯州、印第安纳州的一些森林、草原也都被烧成了灰烬。

不幸中的万幸是,起火的时间并不是夜里,而是白天,因此,惊慌失措的人们顾不上其他,到处逃窜,以求保命。其中有几百人集体逃到了郊区的一条公路上,在立足未稳之际,奇怪的一幕发生了,这群人莫名其妙地倒毙,无一生还。

可怕的大火一直烧到第二天才渐渐熄灭,一夜之间,芝加哥城像被强盗洗劫了一样,满目疮痍。这一次事件导致芝加哥城经济损失高达20多亿美元,12.5万人无家可归。

大火因何而起?事后,很多专家学者展开了调查。有一家报纸刊登了火灾起因,说是有一头牛碰翻了煤油灯,点燃了牛棚,进而使火势蔓延到整个小城,这种说法很快就遭到了专家们的否决,因为火灾发生的地点并不集中,而是遍布整个城市。

到底是什么原因引起火灾的呢?美国学者维·切姆别林经过长时间的研究,提出了"流星雨引火"的观点。这种观点的论据就是1852年曾有一颗已分裂成两半的彗星,在冲破大气层时产生剧烈燃烧形成了"天火"。

这种天火的威力当然是非常大的,也许在芝加哥的上空恰好出现了流星雨剧烈燃烧形成的巨大火种,降落到地面上形成了火灾,而陨石之类的东西含有致命的一氧化碳和氰,于是便引起了当地人大量死亡。

维·切姆别林认为的"天降大火"说法是否正确呢?由于在芝加哥城内并没有发现陨石的残骸,所以一直得不到证实。

在探讨大火起因的诸多解释中,还有人想到了大气环流。大气环流,一般是指具有世界规模的、大范围的大气运动现象,既包括平均状态,也包括瞬时现象,其水平尺度在数千千米以上,垂直尺度在 10 千米以上,时间尺度在数天以上。在某一大范围内(如欧亚地区)或某一大气层次(如对流层)长时间内的大气运动状态,或者一段时间内的大气运动变化情况,都可称为大气环流。

大气环流的主要表现为三圈环流、全球尺度的东西风带、高空急流、西风带中的大型扰动等,这些构成了全球大气运动的基本形式,主导全球气候特征和大范围的天气状况。有人认为,是大气环流局部出现问题导致了芝加哥天降大火。当然这一说法并没有得到确证,不过大气环流是人类认识自然的重要部分,研究大气环流有助于提高天气预报准确率,有利于探索气候变化,进而有效利用气候资源。

为了研究的需要,在不失去大气主要特征的情况下,将复杂的大气环流状态理想化、简单化,而后做成的数学模型,就是大气环流模式。大气环流模式是描绘各种物理过程和大气环流演变与性状的数学模式,可以用来仿真和预测大气环流与气候的变化,主要包括准地转模式、平衡模式、原始方程模式。

准地转模式,假设静力平衡和地转平衡成立,遭到破坏也能迅速恢复。这种模式较简单,能较成功地预报大气运动的一些重要现象,特别是在中高纬度地区效果更好。缺点是不适用于低纬度地区,而且预报结果存在明显的系统性偏差,因此预报的低压偏弱、高压偏强。平衡模式,假设静力平衡成立,风压场之间满足平衡方程。这种模式较复杂,实际效果比理论预期小。原始方程模式,指静力平衡下,原始的流体力学和热力学方程组。此模式预报准确率较高,操作较为简单直接。

小知识

　　卡尔·冯·林奈(公元 1707 年~公元 1778 年),瑞典植物学家、地理冒险家。他多次进行野外勘探考察,首先构想定义生物属种的原则,并创造出统一的生物命名系统,是近代植物分类学的奠基人。

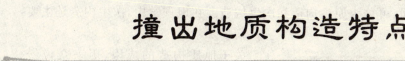

共工怒触不周山，
撞出地质构造特点

地质构造，是地壳运动中岩层和地块受力后产生的变形和位移的形迹。根据生成时间，可分为原生构造和次生构造。

在很久以前，华夏有一个部落首领叫做共工，他总希望自己能够成为天下共主，统领所有臣民。与共工同时代的颛顼，是黄帝轩辕氏的孙子，也渴望着天子的宝座，并为此而努力不懈。

共工为了能够当上帝王，经过多年奋斗，做好了一切准备，可是他却没想到，在不远的地方，颛顼也在进行着周密的计划。

一天，共工与手下心腹商榷称帝大业的时候，手下人对他说："颛顼是您宝座前面最大的绊脚石，如果不能除去他，恐怕难以统治天下。"共工听了恼恨异常，决定去找颛顼一较高下。

共工怒气冲冲来到了颛顼的领地，提出与他比试一番的要求。但是颛顼足智多谋，不屑于拳脚之争，根本不理会眼前这个鲁莽的人。这样的态度更加激怒了共工，这位力大无比的勇士无处发泄，简直连肺都要气炸了。

这时，巍峨挺拔的不周山出现在了共工的面前，立刻成了他发泄的对象。怒火中烧的共工咆哮着一头撞了上去，只听天崩地裂一声响，他撞折了支撑天的柱子和悬吊大地东南角的绳子。天柱折了，天顿时向西北方倾斜，所有的日月星辰都像被一股力量驱赶着一样，缓缓向西北方移动。悬吊大地东南角的绳子断了，大地的东南角顿时塌陷了，江河泥沙都顺势流向东南方向。在天崩地裂的情况下，山林燃烧起熊熊大火，地底喷出了滔滔洪水，周围也蹿出了各种凶猛野兽，大地变成了人间地狱。女娲看到自己创造出来的人类受到这样的苦难，痛心极了，于是用五色石修补好了残破的苍天。

这一番怒火发泄完之后，共工觉得已经向颛顼显示了自己的强大，对方应该已经害怕了，就回到了自己的领地。然而，统治天下靠的不是武力，而是智慧，尽管共工怒撞不周山，最后还是被颛顼打败了。

虽然共工没能如愿统一天下，但是他一怒之下撞断天柱，造就了现在的地质构造,也算是一大奇迹。当然,这只是神话传说,那么真正的地质构造是如何形成的呢?

地质构造,是岩层和地块在地壳运动的作用下,发生变形与位移而遗留下来的形态。根据生成时间,可分为原生构造和次生构造。在地理学中,次生构造是主要的研究对象。

岩石的褶皱是常见的地质构造

关于地质构造的成因,历来众说纷纭,例如中国的地质构造特色,就有五大观点之争,分别是波浪状镶嵌构造学说、地质力学、多旋回构造学说、地洼说和断块构造说。

波浪状镶嵌构造学说认为,地壳运动是波浪形的,地壳中的块体以水平方向传递运动,但是"漂而不远,移而不乱",地质构造是地壳波浪交织而成的宏观与微观的统一体。

多旋回构造学说,是在德国地质学家史蒂勒提出的"地槽褶皱带发展模式"上形成的,认为地槽发展初期以下沉为主,随后沉积褶皱成山,同时大量花岗岩侵入,最后褶皱带被剥蚀,地槽转化为地台。

断块构造说,是在"地槽地台学说"和"板块说"基础上发展起来的。认为地壳的形变一般是从褶皱到断裂。断裂是决定地质构造的主要因素,当第一期褶皱断裂后,就会控制第二期褶皱,同时第二期褶皱也会反作用于第一期断裂。

地洼学说认为,在地壳演变过程中,并非如"地槽地台学说"认为的那样直线地下沉转化,而是一个多阶段、螺旋式的升进过程。地壳活动区与稳定区之间互相转化递迭,聚散交替,构成今天的地质地貌。

小知识

瓦斯科·达·伽马(约公元 1460 年~公元 1524 年),葡萄牙航海家,早期的殖民主义者。他开辟了从欧洲绕过好望角通往印度的新航路,促进了欧亚贸易的发展。

顺水漂来的"横财"

洋流,也叫海流,是指海洋中除了潮汐运动外,海水沿着一定途径大规模流动的现象。

1949 年夏季,是一个名叫约翰·沃伦斯的儿童走运的季节。

一个阳光明媚的上午,在英国著名商港利物浦市的海滨沙滩上,小约翰愉快地玩耍着,他并不知道有一个幸运瓶正在慢慢地漂向自己。在海滩上奔跑的小约翰突然被一个硬邦邦的东西绊了一下,他用手将脚下的东西摸出来一看,发现是一个脏兮兮的、奇形怪状的小玻璃瓶子,他顺势拿起瓶子扔向了旁边的石头,"砰"的一声过后,瓶子碎了,而在玻璃碎片之中似乎有一个东西。

小约翰凑上去一看,原来是一张纸。他好奇地将这张纸捡了起来,上面赫然写着这样一行字:"这是我的遗嘱:将我的遗产平分给拾到这个瓶子的走运者和我的保护人巴里·科辛。纽约,1927 年 6 月 20 日。"

看到了这个遗嘱,小约翰高兴得不知所措,他慌慌张张地跑回家,将这个好消息告诉了自己的父母。当他的父母明白事情经过,看清小约翰手里的纸张上的文字后,对这个飞来的"横财"也很惊慌失措。

然而,此时此刻,在大洋的另一边——美国生活的巴里·科辛,已经苦苦寻找这份遗嘱二十几年了,年过七旬的他几乎要绝望了。

关于这件事情的起因,还要从美国纽约一个脾气古怪的女富豪说起。女富豪拥有一笔惊人的财产,但是她没有儿女,又不愿意将财产赠送给自己的亲戚,于是想出了一个独特的方法,将遗嘱装进玻璃瓶并密封好,然后扔进了大海。她决定让自己的遗嘱随大海漂流,不管是谁幸运地捡到了这个瓶子,都将继承她一半的财产,而另一半的财产就让她的保护人巴里·科辛来继承。

巴里得知这个稀奇古怪的决定后,不得不千方百计地寻找遗嘱,因为如果没有幸运儿拿着遗嘱出现的话,他也不能继承另一半的

财产。

女富豪生前也没有想到，自己的遗嘱竟然漂洋过海，在二十几年之后，出现在英国利物浦一个小男孩的手中。最终，巨额遗产有了归属。

这个超级幸运的故事，应该归功于洋流的作用。洋流，也叫海流，是指海洋中除了潮汐运动外，海水沿着一定途径大规模流动的现象。引起海流运动的可能是风，也可能是热盐效应造成海水密度不均，加上地转偏向力作用，而造成了海水流动。洋流在近海岸和接近海底处，以及开阔洋面上的差别很大。

洋流可以调节地表热环境，分为暖流和寒流。洋流的水温比达到海区的水温高时，形成暖流；反之，形成寒流。一般来说，由低纬度流向高纬度的洋流是暖流；而由高纬度流向低纬度的洋流是寒流。

洋流的运动十分复杂，总体来说，以中低纬度海区的副热带高压为中心，形成了反气旋型大洋环流；以北半球中高纬度海区的低压区为中心，形成了气旋型大洋环流；南半球中高纬度海区，形成西风漂流；南极大陆周围形成绕极环流；北印度洋形成季风环流。

了解和研究洋流，在渔业、航运、排污、军事等方面都有重要意义。比如寒、暖流交汇的海区，有利于鱼类繁殖；两种洋流形成"水障"，能阻碍鱼类活动，还有助于形成较大的渔场。世界四大渔场无不是寒、暖流交汇的结果，例如日本北海道渔场，位于日本暖流和千岛寒流交汇处；欧洲北海渔场，位于大西洋暖流与北冰洋南下冷水交汇处。

洋流对气候影响显著，暖流可以增加温度和湿度，寒流则会降低温度和湿度。在寒、暖流影响下，可以形成海雾，这种天气不利于航行。

小知识

查尔斯·罗伯特·达尔文（公元 1809 年～公元 1882 年），英国博物学家、地理学家、进化论的奠基人，长期进行野外生物考察，著有《物种起源》。他提出的生物进化论学说，被列为 19 世纪自然科学的三大发现之一。

从神秘的帝俊传说到自然区划

自然地理环境及其组成成分,在空间分布上存在差异性和相似性,根据这一点将一定范围的地表区域划分为具有一定等级关系的地域系统,这就是自然区划,全称为自然地理区划。根据区划的对象,分为综合自然区划和部门自然区划。

传说帝俊是上古时期东方民族的祖先神,帝俊部族的崇拜物就是帝俊的喜爱之物五彩鸟,五彩鸟和帝俊一直保持着十分亲密的关系。关于这只五彩鸟的来历,还有一个动人的故事。

有一次,帝俊到人间游玩,来到一个小村子旁。小村背靠一座大山,往日山上树木繁茂,野果累累,人们就是靠着这些野果,同时在山脚下种植一些农作物过活。

但是帝俊来到的时候,由于天气干旱,长时间没有下雨,百姓们种的庄稼都遭遇大旱死了,山上的果树也枯死大半,没有几个果子。人们食不果腹,饥饿难耐,生活陷入绝境之中。

帝俊看到百姓们的惨状,心里十分难过,决心帮助百姓脱离贫困。他知道,只有风调雨顺老百姓才能收获庄稼和果实,免于挨饿,于是派人修建了两个祭坛,供百姓祈福求雨之用。

祭坛很快修建好了,可是如何管理这两个祭坛呢?帝俊为此颇费心思,他觉得必须由有灵性的神物来管理,祭坛才能发挥作用。

为了寻找心目中的灵性神物,帝俊费了很大的工夫,亲自跑了很多地方。

这天,当他在树林里寻觅时,忽然看到了两只色彩斑斓的五彩鸟,正在相对而舞。帝俊的眼睛顿觉一亮,这两只五彩鸟马上成为他心目中管理祭坛的不二选择。说来奇怪,两只五彩鸟好像与帝俊特别有缘,看到他就像看到久违的亲人一样,亲密地飞到他的肩头,用身体蹭着他的脖子。

帝俊满心欢喜,将两只五彩鸟带到了自己的宫殿。几日之后,就派它们去管理设在人间的两个祭坛。

设置好了祭坛之后,帝俊还在北方的荒野种了一片竹林,这可不是普通的竹林,这里的竹子每斩下一节,剖开来就可以做船。

后来在尧的时候,10个太阳并出,百姓都生活在酷热之中,为了解救百姓的苦难,帝俊就赐给后羿红色的弓、白色的箭,让他射下了9个太阳,解救了百姓,使他们过上了幸福的生活。

关于帝俊的传说,出现在《山海经》中,其中《海内经》还讲述了帝俊后代在东、西、南、北各方建立国家的故事。这里我们看到原始先民们根据自然环境和自然规律,因地制宜地进行生产布局、制订各种规划的发展现象。

自然地理环境及其组成成分在空间分布上存在差异性和相似性,根据这一点将一定范围的地表区域划分为具有一定等级关系的地域系统,这就是自然区划,全称为自然地理区划。根据区划的对象,分为综合自然区划和部门自然区划。

综合自然区划,以自然环境整体为对象;部门自然区划,以自然地理环境的组成成分为对象,如地貌、气候、水文、动物、植被等,称做地貌区划、气候区划、水文区划等。在自然区划中,根据区划目的又有具体分类,如公路自然区划、农业自然区划等。

由于自然区划的对象是等级不同的自然综合体,因此自然区划是多级系统的,既是划分,又是合并。这个系统中包括地带性区划和非地带性区划单位。对每一个自然地理区域进行划分,都可以采取自上而下和自下而上两种方法。自上而下的方法,是经由对地域分异各种因素的分析,在大的地域单位从上到下或者从大到小揭示其内在差异,逐级划分。自下而上的方法,是以聚类、组合,把基层较简单的自然地理区域合并为较复杂的地域。

自然区划需要遵循的原则有:发生统一性原则;相对一致性原则;空间连续性原则;综合性原则和主导因素原则。

自然区划的意义明显,可以经由研究地域分异规律,探讨自然地理环境及其组成部分的特征、变化和分布规律;帮助合理地利用自然资源、采取合理的生产布局和制订规划。

小知识

约翰尼斯·开普勒(公元 1571 年～公元 1630年),德国著名的天文学家、数学家、物理学家和哲学家。他提出行星运动三定律(即开普勒定律),指出彗星的尾巴总是背着太阳,是因为太阳排斥彗头的物质造成的,这是距今半个世纪以前对辐射压力存在的正确预言。

买来一个州
买不来这里的人口与人种

　　人种，指的是人类在一定区域内，历史上所形成、在体质上具有某些共同遗传性状的人群。

　　在北美洲的西北角有一块富饶的土地，它东邻加拿大，西濒白令海峡，南部和北部分别是浩瀚无际的太平洋和寒冷无比的北冰洋。这块土地就是阿拉斯加，美国的第四十九州岛。

　　1728 年，俄国航海家白令首次前往阿拉斯加，因为天气原因无法登陆，但已经证明了阿拉斯加的存在。1741 年，白令再次出航，这一次他成功到达阿拉斯加。不幸的是，当白令怀着兴奋的心情返航的时候，航船却不幸触礁，他和 30 名船员遇难，幸存者于第二年才回到西伯利亚。为了纪念白令，人们将亚洲和美洲之间的这段海峡命名为白令海峡。

　　俄国政府怎能放过一块自己人探索到的土地？紧接着，阿拉斯加正式沦为俄国的殖民地。原本，俄国沙皇打算以该地为跳板，进一步加强在美洲西部海岸的控制，进而主宰整个北太平洋地区。

　　但是，这个目的遭到了美国人的反对，他们宣布"门罗主义"，提出"美洲是美洲人的美洲"的口号，极力将列强赶出西半球。这时，俄国在克里米亚与英、法作战惨败，失去了继续控制北美殖民地的能力。这种情况下，俄国无暇顾及阿拉斯加，于是萌生了一个想法：卖掉阿拉斯加。

　　美国国务卿威廉·亨利·西沃德听闻此消息，立刻会见了俄国驻美使节，并多次与之密谈相关事宜。俄国沙皇也有意就阿拉斯加问题与美国谈判，于是双方的正式会谈开始了。

　　谈判在夜间进行，美国人开出 500 万美元的价格，但俄国人不同意，坚持要价 700 万美元。双方僵持到凌晨四点，最后美国以 700 万美元外加

威廉·亨利·西沃德塑像

20万美元手续费买下了阿拉斯加。

阿拉斯加面积160万平方千米,相当于3个法国、7个英国那么大。如此辽阔的土地仅仅700多万美元,实在廉价得很。然而令现代人想不到的是,当年美国国会并不同意购买,很多议员纷纷表态:"内战刚刚结束,国家百废待兴,经济十分紧张,不该花钱买一块荒凉的土地!"当时美国舆论界也持反对态度,他们普遍认为阿拉斯加冰天雪地,荒芜人烟,购买这样的土地简直愚蠢透顶。

在一番激烈争论下,美国参议院最后终于批准购买阿拉斯加。就这样,阿拉斯加成了美国的领土。

让俄国人做梦也想不到的是,阿拉斯加后来竟然成为了美国的一块风水宝地。阿拉斯加归美国后不久,就被开采出了金矿,引起了空前的"淘金热"。20世纪60年代,美国人在阿拉斯加又发现了北美最大的油田,直到现在,阿拉斯加的产油量依然占全美总产量的1/7。而且,凭借着优越的自然条件,阿拉斯加成了北美野生动物的天堂,已发展成为世界旅游胜地。

美国低价购买阿拉斯加,并对其进行成功开发,是地理学中的一大经典案例。但是我们知道,不管地域归属于谁,有一点是很难改变的,那就是这片地域上的人种。印第安人是美洲的土著居民,因此他们有权利永远在美洲生活下去。

关于人种,这是地理学中的一个重要概念,由法国博物家伯尼埃于1684年最早提出,是世界人类种族的简称。指的是人类在一定区域内,历史上所形成、在体质上具有某些共同遗传性状的人群。这些体质特征包括肤色、发色、眼珠颜色、身高、头型等。

3 000多年前的古埃及坟墓壁画中,曾经以不同颜色区别人类,将人类分为四种。在这些壁画中,古埃及人将埃及人涂以红色、亚洲人涂以黄色、南方尼格罗人涂以黑色、西方及北方人涂以白色。直到今天,我们习惯将人类分为白种人、黄种人、黑种人、褐色人,就是以此为基础的。

18世纪,欧洲科学家对人类进行了新的划分,提出了各种不同的划分方法,比如林奈将人种划分为野蛮种、怪物种、理智种;居维叶主张把人类划分为三大种,提出了闪人种、含人种、雅弗人种。不过这种从文化、宗教上对人种进行的划分,很难被人接受。

其后,被誉为"人类之父"的德国教授布鲁门马赫,第一个用科学的方法对人种进行划分,他根据肤色、发色和发型、眼色、身高、头型等体质特征,以及原住居民地,把人类划分为五大人种。

1. 高加索人种,也称白种人。皮肤白色,头发栗色,头部几成球形,面呈卵形而垂直,鼻狭细。此人种包括欧洲和西亚、北非的居民,但芬兰人、拉普兰人等除外。

2. 蒙古人种，即黄种人。皮肤黄色，头发黑而直，头部几成方形，面部扁平，鼻小，颧骨隆起，眼裂狭细。西亚以外的亚洲人和北部的因纽特人、拉普兰人和芬兰人都属于蒙古人种，但不包括马来人。

古埃及壁画

3. 非洲人种，即黑种人。皮肤黑色，头发黑而弯曲，头部狭长，颧骨突起，目光突出，鼻厚大，口唇胀厚，多数人有八字脚。除北部非洲人外，其他非洲人都属于黑种人。

4. 美洲人种，即红种人。皮肤铜色，头发黑而直，眼球陷入，鼻高而宽，颧骨突出。除因纽特人外，其他美洲原住居民都属于此人种。

5. 马来人种，即棕色人种。皮肤黄褐色，头发黑而缩，头部中等狭细，鼻阔、口大。太平洋诸岛和马来半岛居民属于此人种。

以上是人种的地理分类，不过美洲红种人并不存在，印第安人是黄色人种的分支。所以，在此基础上，科学家们又增加指纹、血型等指标，使人种划分与现代科学逐渐结合起来。近百年来，随着人类迁移量的增大，混血现象普及，人种出现了新的变化，混血人种不断增加。美国科学家 S.M.加恩，经过 10 年的酝酿和调查，提出了新的人种划分方法，认为全世界有 9 大地理人种，并划分出 32 类地域人种。

小知识

　　哈罗·沙普利（公元 1885 年～公元 1972 年），美国著名的天文学家，20 世纪科学史上最杰出的人物之一。他认为太阳系不在银河系中心，而是处于银河系边缘，银河系的中心在人马座方向。此研究为人们认识银河系奠定了基础。

南洋公学教师不忘著述《地文学》

自然地理学,为地理学的分支之一,是研究自然环境及其组成部分,并阐明自然地理环境的结构、功能、物质迁移、能量转换、动态演变、地域分异规律的科学。

中日甲午战争之后,清政府一步步衰败,百姓生活在水深火热之中。黑暗的社会现实激励着无数有志青年努力救国图强,张相文就是众多爱国志士中的一员。身为地理学方面的学者,张相文能够做的就是向学生们传授专业方面的学识,激励他们的爱国热情。

1899 年,张相文开始在南洋公学任教,教授中国地理。从此之后,他的大半生都在讲台上度过。在南洋公学教书的时候,张相文整理自己的地理学讲稿,编纂而成了两本教科书:《初等地理教科书》和《中等本国地理教科书》。这两本地理学的教科书后来多次被印刷,极大地普及了地理科学知识。

张相文在教学的同时,也不断汲取新鲜的地理学知识,他自学日文,从很多日文版地理学著作中获得了很多新知识,并将这些新知识教授给学生。1908 年,张相文将自己多年的努力成果,汇集成了一本自然地理巨著《地文学》。在这本书中有中、西对照表 15 页,彩色地图 10 余幅,插图 80 余幅,内容广泛,涉及星界、陆界、气界、水界和生物界,在当时是一本具有超前学识水平的学术作品。

张相文不但重视学术上的研究,还非常重视实地考察,他曾经先后多次到山东、河北、山西、河南、内蒙古等地进行考察,并且撰写了相关的考察记录和研究论文。

1909 年,张相文还参与建立了中国最早的地理学术团体——"中国地学会",并被推举为第一任会长。中国地学会的成立,促进了中国地理学与国外地理学的交流,为中国地理学的发展作出了不可磨灭的贡献。

张先生在自然地理学方面作出了卓越贡献。自然地理学,为地理学的分支之一,是研究自然环境及其组成部分,并阐明自然地理环境的结构、功能、物质迁移、能量转换、动态演变、地域分异规律的科学。

根据研究特点,自然地理学分为综合性和部门性两个分支科学。综合性分支科学包括综合自然地理学、区域自然地理学、古地理学等;部门性自然地理学包括地貌学、气候学、水文学、生物地理学、冰川学等。

人类的地理知识起源于远古时期,但是自然地理这个概念始于 17 世纪。自然地理学作为一门学科,其发展经历了知识累积时期、近代时期、现代时期三个阶段。

19 世纪以前,地理学以描述地理知识为主,自然地理知识是地理学的一个重要方面。这时期的地理学主要了解地表自然现象、山川形势,游历探索等。

15~17 世纪,地理大发现对地理学探索活动有着重要的贡献,大大拓展了人类的视野,证实了地球是圆的,而且还发现了洋流,收集了大量地表自然现象资料。这些资源为后来探讨海陆起源、综合研究地表现象奠定了基础。

德国的瓦伦纽斯就是在总结地理大发现的资源过程中,发表了著名的《普通地理学》。18 世纪,法国的布丰提出人与自然环境的关系。上述这些研究成果,为自然地理学的最终建立提供了理论基础。

自然地理学的研究对象是地理环境,但是随着学科发展,研究内容越来越广泛,除了研究自然地理成分的特征、结构、成因、发展规律,以及自然地理成分之间的相互关系外,还要研究自然地理环境的地域分异规律,并进行自然条件和资源的评价,为区域开发提供科学依据。另外,自然地理学还要研究在人类干扰控制下,人为环境的变化特点、发展趋势以及存在的问题,力图寻求到合理的利用途径和整治措施。

如今,自然地理学的应用越来越受重视,参与解决农业生产、资源开发、环境污染治理等问题,由此发展形成了环境地理学、应用气候学等应用性分支学科。

小知识

张相文(公元 1866 年~公元 1933 年),革新中国地理学的先驱、教育家。1901 年出版中国最早的地理教本《初等地理教科书》、《中等本国地理教科书》。1908 年出版中国最早的自然地理学著作《地文学》。1909 年于天津发起成立中国最早的地理学术团体——中国地学会,并当选为会长,次年创办中国最早的地理刊物《地学杂志》。还著有《泗阳县志》、《佛学地理学》、《南园丛稿》和《地质学教科书》等书。

晏子使楚不受辱，
在于懂得人文地理学

人文地理学，是以人地关系的理论为基础，探讨各种人文现象的地理分布、扩散和变化，以及地域系统及其空间结构的地理学分支学科，也叫人生地理学。

要说古代懂得人文地理学的聪明人，非晏子莫属。

一次，晏子接受齐国国王的命令出使楚国。楚国国君知道晏子个子很矮，就想羞辱他一番，于是对属下说："我听说晏婴身高不足 5 尺，手无缚鸡之力，只是徒逞口舌之利的说客罢了。你们想想看，有没有什么办法能难倒他？"

有人献计说："一般的办法根本不可能让晏婴受挫，我们唯有从他的生理缺陷出发，才能让他受辱。我倒是有一个办法……"等晏婴到达楚国时，发现城门紧闭，晏婴命令属下叫门。里面很快传出动静，但大门依旧紧闭，倒是大门侧面的狗门开了，侍从满脸坏笑地说："这门足以让你出入，开大门实在是浪费人力，您不如就从这儿通过吧！"

晏婴心知肚明，这不过是楚王对他的为难之计，他若是真从这狗洞里进去，齐国的颜面就荡然无存了。为了国家尊严，他必须想出一个对策来。于是他笑着对守门的侍从说："我听说出使人国，要从大门进入，而出使狗国，则需要走狗洞。我想请大人问一问贵国大王，我到底应该从哪个门进入呢？"守门的侍从把晏婴的话一字不漏地转告给楚王，楚王无可奈何，只好把城门打开，以正常礼仪迎接晏婴进城。

晏婴来到了馆舍，楚国大臣为他洗尘接风。宴会结束后，晏婴到宫廷拜见楚王，楚王一见晏婴，就毫不客气地问："你们国家没人了吗？怎么派你来了？""大王，齐国人非常多，走在都城临淄的街道上，一人呼出一口气，就能在天上结成云朵；每人流一滴汗，就能形成大雨。街道上的人都是摩肩接踵，大王怎么能说我齐国没人呢？""既然有人，"楚王轻蔑地看着晏婴矮小的身材说，"为什么派了你这么一个小人来出使我国呢？"

"哦，这个问题啊！"晏婴装出恍然大悟的样子，"我国有个原则，出使大国就派大人，出使小国，就派小人。我被派来出使楚国，就是根据这个原则。"楚王被晏婴的话堵得半天没回过神来。他使了个眼色，两个士兵押着一个犯人经过他们身边。楚王问："这个人是什么人？犯了什么罪？"士兵答："这是个齐人，犯了偷窃罪。"还没等楚王刁难晏婴，晏婴就已经忍不住想要翻白眼了，这也做得太明显了。楚王笑呵呵地问晏婴："你们齐国人是不是都喜欢偷东西啊？"

晏婴毕恭毕敬地回答："大王，我听说淮河之南有一种橘子味道甜美，可是一旦将其移种到淮河以北，橘子就变得苦涩难咽。之所以会有这两种截然相反的情况，实在是土地的缘故。这个齐人在我国乃是一介良民，可是为什么来到楚国，却变成了盗贼呢？这是楚国使他发生了这种变化，齐人之于楚国正如橘子之于淮北，这与齐国又有什么关系呢？"楚王哈哈大笑，终于表现出了一国之君该有的风度："我原本想借几个小伎俩来刁难你，没想到反被你奚落。这是寡人的过错，请见谅！"

由于晏婴此行做到了"出使四方，不辱君命"，后人将他在友邦面前所表现出来的态度和风骨，总结成一个成语，那就是"不卑不亢"。晏子不会想到，他的这番论述已体现出了人文地理学的特色。人文地理学，是以人地关系的理论为基础，探讨各种人文现象的地理分布、扩散和变化，以及地域系统及其空间结构的地理学分支学科，也叫人生地理学。

"人文"与"自然"对应，构成了地理学的两个主要分支学科。人文地理学有广义和狭义之分，广义的包括社会文化地理学、政治地理学、经济地理学等；狭义的仅指社会文化地理学。

人文地理学的发展和累积，与自然地理学一样，经历了古代、近代、现代三个阶段。20世纪60年代以来，随着社会和科技迅速发展，人文地理学在理论、方法和研究内容等方面，发生了很大变化。

首先，理论上出现了新的发展，由过去的环境决定论、适应论转变为和谐论，主张以和谐论分析人与环境的关系。其次，观察和分析方法不断革新，1955年，美国华盛顿大学率先以数学统计方法培养了一批地理学者。此后，数量方法、航空测量技术和卫星遥感技术的应用，促使地理学有了很大进步。再次，20世纪50年代，系统论创立后，迅速成为地理学的基本方法论。定量计算和系统论思想，促进了采用模型来表述地理现象。第四，行为地理、旅游地理、城市地理快速发展，成为人文地理学的新分支。最后，研究目的转向解决实际问题，面向社会，应用性增强。

人文地理学的发展对于地理学有着重要作用。目前，人文地理学与经济学、人口学、政治学以及环境科学、行为科学结合，为解决世界性的资源短缺、经济发展规划、自然灾害、环境污染和生态平衡等问题，作出了贡献。

两小儿辩日
辩出地理学与天文学的关系

天文学与地理学一样,是一门古老的科学,主要研究宇宙空间天体、宇宙的结构和发展。它与地理学对应,一个研究"天",一个研究"地",天地之间是不可分割的,它们互相影响、互相依存。

有一天,孔子到东方去游学,在途中看见两个小孩在争辩着什么。于是,他停下了脚步,凑上前去询问他们争辩的原因。

孔子问他们说:"我看见你们争辩得那么起劲,可以告诉我为什么吗?"

孔子周游列国图

只听见其中的一个小孩说:"我觉得太阳在刚升起来的时候距离人是近的,到了正午的时候距离人就远了。"另一个小孩听了不屑一顾地说:"不是的,我觉得太阳升起来的时候距离人很远,在正午的时候距离人就近了。"两个小孩都很自信地在为自己的观点辩护。

孔子说:"那你们两人分别说一下自己的理由,我来给你们当裁判。"

第一个小孩抬起头来指着天上的太阳自信地说道:"太阳在清晨刚出来的时候很大,就像车盖一样。到了中午的时候,太阳明显不如清晨的大了。这难道不是距离近看到的东西大,而距离远看到的东西就小吗?"

第二个小孩也不示弱,他反驳说:"清晨太阳刚出来的时候我们都感觉很凉爽,一到了中午的时候就感觉很热。这难道不是太阳距离我们近的时候天气就热,距离我们远的时候天气就凉爽吗?"

说完各自的理由,两个小孩开始等待孔子的评判。可是这时,孔子却皱起了眉头,两人的话似乎都很有道理,他也不能决断谁对谁错。

两个小孩开始取笑孔子说:"你真的是见多识广的人吗?"

孔圣人无法解答两个小孩子的问题,是因为当时的科技水平还不能解释这个现象。我们常常以"上知天文、下知地理"来形容一个人学识渊博、无所不知,可见天文与地理是联系在一起的。

故事中的问题,在今天我们当然可以做出回答:清晨和中午的太阳与我们的距离是一样远的。据推算,地球距离太阳 15 000 万千米,这么遥远的距离,为什么看起来有大小、冷热之分呢?原来,大小之分是视觉的误差,是一种错觉。同一个物体,放在一堆比它大的物体中时会显得小,而放在比它小的物体中就会显得大。早晨的太阳从地平线上升时,参照物是树木、房屋、远山、天空的一角等,在这样的陪衬下,太阳自然显得较大。可是到了中午,太阳高悬正空,参照物是无垠的天空,看起来自然小得多。另外,太阳初升时,背景黑沉沉的,太阳显得格外亮,也就格外大;而到了中午,万里晴空,太阳与天空的亮度反差不大,看起来也就显得小。

在分析这个问题时,我们不仅运用到了地理学知识,也涉及天文学知识,这种互为应用、互为影响的特点,正是地理学与天文学的关系。探讨地理学,绝对离不开天文学,比如潮汐现象,既是地理学问题,也是天文学问题。

天文学与地理学对应,一个研究"天",一个研究"地",天地之间是不可分割的,它们互相影响、互相依存。如果单独研究某一学科,忽视另一学科,势必引起不均衡的发展。想一想,没有足够的天文知识,如何研究地理学?"天"和"地"构成了人类赖以生存的空间环境,经由人类研究,天文学和地理学将更好地为人类服务。

小知识

　　詹姆斯·库克(公元 1728 年~公元 1779 年),英国著名探险家、航海家和制图学家。他进行的三次探险航行,为人们增添了关于大洋——特别是太平洋的地理学知识的新内容,并且他在长时期的远航实践中,提出以增加水果和蔬菜等方法来预防坏血病,为航海医学作出了重大贡献。

第二篇

普及面广

——地理学研究及理论

自然地理学与方志学研究的一般原理

在地理学研究初期,观察的目的和内容,主要是针对人类赖以生存的自然资源和地理条件,采用人们共同约定的一系列符号,例如语言、文字、图画、数字等形式,把观察到的各种内容记录保存下来,为此形成了各具特色、五花八门的地方方志。

在雄伟的唐古拉山上,有许多的河流、冰川和雪峰,其中有三条美丽的河流被人们称为青藏高原上的三姐妹,她们就是金沙江、澜沧江和怒江。

三姐妹在青藏高原上快乐地生活着,她们经常去探望德高望重的玉龙山爷爷。玉龙山爷爷在这片土地上生活了几千年,他教会了三姐妹很多的人生道理,三姐妹都十分尊敬他。

唐古拉山风光

一天,三姐妹又到玉龙山爷爷那里去探望,玉龙山爷爷就给她们讲了一个故事:"相传,在遥远的东方和南方都有着十分辽阔的海洋,海洋中也有像三姐妹一样幸福的三个王子,他们分别是太平洋的两个儿子东海王子和南海王子,以及印度洋的儿子安达曼海王子。这三个王子都在苦苦等候着公主的出现,但是造化弄人,他们中间没有一个人能够如愿。眼看着三个王子每天流泪,海洋的水就快干了,龙王爷爷看不下去了,就告诉他们说在遥远的青藏高原上住着三姐妹,这三姐妹就是他们生命中的公主。只要公主来到这里与他们相遇,海洋就能够恢复生机了。

"三个王子听了龙王爷爷的话之后欣喜若狂,他们每天都在自己的家门口张望,期待三姐妹的出现……"讲到这里的时候,三姐妹都瞪大了眼睛好像在催促玉龙山爷爷快点说一样,可是玉龙山爷爷没有再讲下去。三姐妹急切地问:"那三个姑娘到底是谁呢?为什么还不去见王子啊?"玉龙山爷爷笑了笑说:"傻姑娘,这三姐妹就是你们!"三姐妹都很诧异,但是她们还是决定去拯救三个王子。

玉龙山爷爷见三姐妹的意志都很坚定,便决定送她们一程。三姐妹在玉龙山爷爷的陪同下,离开了自己的家乡——唐古拉山,去遥远的地方寻找幸福。她们同时向着东南方奔去,玉龙山爷爷为她们在前方开辟道路,三姐妹在后面紧追不舍。最后,到达了一个美丽的地方——云南丽江县,玉龙山爷爷停下了脚步对三姐妹说:"送君千里,终有一别,你们各自去寻找自己的幸福吧!"

三姐妹依依惜别之后也分道扬镳,大姐金沙江去东方找东海王子,二姐澜沧江去东南方找南海王子,三妹怒江去正南方找安达曼海王子。就这样,在三姐妹依依惜别的地方形成了"三江并流",三条河流在这一次并流之后,都找到了各自的汇入地,朝着自己的汇入地浩浩荡荡奔流而去。经过九九八十一天的艰苦跋涉,三位姑娘终于找到了自己的心上人,从此开始了幸福的生活。

三江的发现和三江源头的探测,充实了地理学研究的内容。在地理学研究萌芽时期和初创时期,人们的观察是有选择的,观察的目的和内容主要是针对人类赖以生存的自然资源和地理条件,采用人们共同约定的一系列符号,例如语言、文字、图画、数字等形式,把观察到的各种内容记录保存下来,为此形成了各具特色、五花八门的地方方志。

到了近代,地理学逐渐形成一门新的学科,地理学的观察也开始引入各种仪器。随着交通运输的快速发展,地理学的观察范围逐渐扩大,像古代方志那样仅凭简单记录,已经无法满足地理学研究的需要,在这种背景下,各种分析手段应运而生。

地域之间存在的相似性和差异性,是极其普遍的现象,仅凭表面的观察与记录,还不能深入地解决地理学研究的深层次问题。为此,人们的研究目光逐渐从比较地理学转到地理现象的发生、发展以及存在的因果关系的研究上,研究手段也逐渐转变为运用归纳法进行定性分析和定量分析。在某些领域,例如在水文地理学、气候学、交通运输、工业、城市等地理学分支中,已经建立了庞大的数理系统。

为了深刻认识和了解人类赖以生存的地球表面的环境,并在尊重自然规律的条件下,利用和改造自然环境,发挥人类的主观能动性,地理学家们采用归纳法,将所观察到的各种现象,归纳成要素的规律和地域的规律,加以详细表述出来,比之古代的方志,已经不可同日而语。

家庭教师李特尔
首创分类法研究地理学

分类法在地理学研究中已被广泛运用。它是将有关地理学的类或组,按照相互间的关系,组成系统化的结构,并体现为许多地理类目,按照一定的原则和关系组织起来形成的地理体系表,作为地理学分类工作的依据和工具。

家庭教师李特尔一直致力于对地理学的研究。李特尔是法兰克福一位银行家儿子的家庭教师,这一职业为他的研究提供了充足的时间和经费,也为他开创研究地理学的分类法提供了基础。

李特尔研究地理学有着独特的方法,也有着独到的见解。有一次,跟他一起研究的一个学者在与他进行讨论的时候问道:"我们的任务就是搞清楚地球上的各种地理要素,为什么还要进行分类研究呢?"李特尔笑了笑没有立即回答他的话,过了一会儿,李特尔拿出了他绘制的一幅自然界的循环图来对他的伙伴说:"地理学其实就是指对地球进行的描述,但是现在这种描述已经被人们所误解了。地理学也是一门科学,而且它既可以说是一个独立的研究整体,又可以说是每个分割开来的独立部分。"他一边说一边指着图画中绘制的自然界的各种事物,每个部分都有其独特的功能,但是所有的部分又能形成一个整体。

他接着说:"地理学家的任务就是要把自然的一切现象和形态以及其与人类的关系研究透彻,这样才能让大自然造福人类。而要做到这一点,就必须要求地理学家能够对自然进行各式各样的分类,在这些分类的基础上更好地认识大自然。"

后来,李特尔运用归纳的方法,摒弃了先前的理论,他在研究的过程中不仅对研究的对象进行细致的分类,还对研究对象周围的自然环境进行分类。例如水、大气的分布和运动,都会对地理要素的发展产生不同的影响,这些影响都会作用于地理学的研究。

分类法在地理科学研究中已被广泛运用。它是将有关的地理学的类或组,按照相互间的关系,组成系统化的结构,并体现为许多地理类目,按照一定的原则和关系,组织起来形成的地理体系表,以此作为地理学分类工作的依据和工具。

分类不仅能够更系统、更深入地研究地理各类别的性质、特点及应用,而且还能进行比较,进而认识和掌握其事物的发展规律。

在地理学上,大量使用分类法来进行相关的研究。按照分类法,地理学可分为两大类,包括人文地理学和自然地理学。人文地理学又可以分为经济地理学、旅游地理学等;自然地理学又可分为气象地理学、天文地理学等。

在地理学中,沿着时间顺序、发生发展程序上,进行地理环境或事物演化比较,称为纵向比较,这种比较动态性和预测性都较强。而同一时段,对地理环境和事物的异同性进行比较,称为横向比较,目的是为了揭示比较对象间的空间分布差异。经由横向、纵向的综合比较,可深入揭示地理环境或现象的空间分异及发生发展规律,为地理学研究提供广阔的空间。

另外,从空间角度来说,根据物距尺度,还可分为微观、宏观、宇观三种地理学比较研究的方法。

小知识

李特尔(公元 1779 年～公元 1859 年),德国地理学家,近代地理学创建人之一。他最早阐述了人地关系和地理学的综合性、统一性,奠定了人文地理学的基础。他创用"地学"一词,主张地理学和历史学结合,坚持目的论的哲学观点,认为上帝是建造地球的主宰。著有《欧洲地理》、《地学通论》等书。

按图索骥使良马变青蛙
违背了综合评价原则

地理学上,综合评价法遵循的基本指导原则是将多个地理评价指标转化成一个能够反映综合地理状况的指标来进行评价,进而得出一个综合性的结论。

传说,天上负责管理马匹的神仙叫伯乐,因此人间借用这一称谓,把善于相马的人也称为伯乐。春秋时期,第一位被称做伯乐的人诞生了,他本名孙阳,对马的研究非常出色,后来人们渐渐地忘记了他的本名,干脆称呼他为伯乐。

一次,孙阳受楚王重托去购买千里马。他跑遍大江南北,去了好几个国家,特别是盛产名马的燕赵一带,可是最终一无所获。正当他准备从齐国返回楚国时,忽然看到一辆拉盐的马车,正吃力地行进在陡坡上。那匹马见到孙阳忽然昂起头颅,瞪大眼睛,大声嘶鸣起来。孙阳听到这一阵嘶鸣,当即判断出这匹马是难得的良驹,于是将其买回楚国。

当楚王看到这匹马时,不禁皱起眉头,因为它太瘦了,简直不成样子,他以为孙阳糊弄自己,不高兴地说:"我相信你相马的才能,才交给你买马的重任。可是如今你买的马好像走路都很困难,能上战场作战吗?"孙阳坚定地说:"大王,这确实是匹宝马。只要精心喂养,不出半个月,就会恢复体力。"楚王半信半疑,命令马夫精心喂养,果然十几天后,这匹马变得精神饱满。楚王骑上宝马,扬鞭疾驰,只觉得两耳生风,眨眼间已跑出百里之外。孙阳因此更加受到世人尊重,人们把他看做马的良师益友。为了让更多的人学会相马,使千里马不再被埋没,也为了自己一身绝技不至于失传,孙阳把自己多年累积的相马经验和知识写成了一本书,并配上各种马的形态图,书名叫《相马经》。

孙阳有个儿子,天生愚钝,资质很差,虽然父亲引导他去做一个相马师,但是他始终没有兴趣。后来迫于生计,才打算接父亲的班来研究马匹。他看了父亲写的《相马经》,以为相马很容易,就拿着这本书到处找好马。可是按照书上所绘的图形去找,一无所获。又按书中所写的特征去找,最后发现有一只癞蛤蟆很像书中写的千里马的特征,便高兴地把癞蛤蟆带回家,对孙阳说:"爸爸,我找到一匹千里马了,只是蹄子稍差些。"孙阳一看,哭笑不得,没想到儿子竟如此愚笨,便幽默地说:"可惜这马太喜欢跳了,不能用来拉车。"接着感叹道:"所谓按图索骥也。"

综合评价法在地理学研究中应用非常广泛,它一般是指运用多个指标对多个地理评价对象进行评价的方法,也被称为多变量综合评价法。地理学上,综合评价法遵循的基本指导原则是将多个地理评价指标转化成一个能够反映综合地理状况的指标来进行综合评价,进而得出一个综合性的结论。例如,不同地区的地理环境特点,不同国家的人口分布状况,各地气候环境变化规律等,都可以用综合评价法进行深入研究。

伯乐相马图

地理学研究的综合评价法,并不是将多个指针按照顺序逐个完成,而是通过一些特殊的研究处理方法,将多个地理学相关指标综合一起,同时进行评价。在评价过程中,再根据不同地理指标的作用及其重要性进行处理,其评价结果往往不会再是指向明确的、具有具体涵义的统计指针,而是用分值或指数来表示参评地理学单位的总体综合状况,并对参评地理学单位进行总体排序。

综合评价法常常分为打分综合指数法、综合评价法、功效系数法和综合打分排队法等几种方法,主要包括以下几方面的内容。

第一,要确定综合评价指标体系,这是地理学综合评价法的依据和基础。

第二,要收集相关的地理资料,如果有因为不同计量单位得出的不同资料指针,要进行同度量转换处理,使之具有相同度量标准。

第三,要确保其科学性,准确地确定指标体系中各指标的权数。

第四,要对经过处理的各种地理指标进行全面汇总,科学准确地计算出综合评价指数或者综合评价分值。

第五,要根据综合评价指数或者分值,对参评地理单位进行合理排序,最后得出地理学结论。

"地理学之父"大胆测量
地球半径

地球不是一个正圆的球体,而是一个扁圆的椭圆球体,其形状是两极稍扁,赤道略鼓;而且地球的南极、北极也不对称,地球的外部地形也是起伏多变的。地球的这种不规则形状意味着在不同的地方测量,其半径也是不同的。

测量地球的半径,很久以前就成为了地理学研究的一个重要的课题,而对地球半径的研究,最早的正是古希腊地理学家、数学家,被后人誉为"地理学之父"的埃拉托斯特尼。生活在公元前 240 年的埃拉托斯特尼有着强烈的探索欲望和深入研究的能力,这使他为世界地理学研究的发展作出了不可磨灭的贡献。

有一次,埃拉托斯特尼去埃及旅行,在路上他发现一个奇怪的现象:夏至日正午时分,太阳光总是能够直射进地处北回归线的阿斯旺地区的深井中,而在相隔仅仅 800 千米的亚历山大却没有这种现象出现。如果按照当时地理学上的一个结论——地球是方形来解释这一现象的话,是解释不通的,因为只有地面发生了弯曲,才能使距离很近的亚历山大不能得到太阳的直射,于是他坚定地认为地球是球面的。

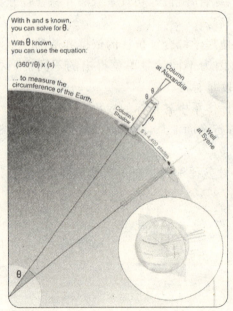

埃拉托斯特尼利用几何原理计算地球半径

根据以上的推断,埃拉托斯特尼又进行了大胆的猜想:假如计算出两个城市之间的距离,再测量出太阳光线与铅垂线之间的角度,不就可以测量出地球的半径了吗?

按照这个大胆的猜想,他开始了测量的行动,在夏至日正午时分,他利用亚历山大城内高高的尖塔,经过测量得知太阳光线照射亚历山大城的倾斜角为 7.2°。

接着,他根据想象制造了一个地球的模型,在模型上他模拟出了亚历山大和阿斯旺的具体位置,然后运用几何学原理,将照射阿斯旺井底的阳光延长至地心,将亚历山大尖塔中心线向着地心作垂直延长,测量得知两线间夹角也正好为 7.2°。

根据数学计算的方法,埃拉托斯特尼最后计算出来地球的半径约为 6 400 千米。这一科学的计算得出的结论,和 1971 年第 15 届国际大地测量和地球物理协会采用的地球半径的资料,仅仅相差 29 千米。

测量是用数据来描述观察到的现象,即对事物做出量化描述。地球是一个球体,如何测量地球的相关数据呢? 自古就成为摆在地理学家们面前的一道难题。

众所周知,地球不是一个正圆的球体,而是一个扁圆的椭圆球体,其形状是两极稍扁,赤道略鼓;而且地球的南极、北极也不对称,就海平面来说,北极稍凸,南极略凹;另外,地球的外部地形也是起伏多变的。地球的这种不规则形状,意味着在不同的地方测量,其半径也是不同的。

因此,地球的半径可分别用 3 个常用值来表述:从地心到北极或南极的距离,为极半径,大约 6 356.755 千米;从地心到赤道的距离,为赤道半径,大约 6 378.140 千米;从地心到地球表面所有各点距离的平均值,为平均半径,大约 6 371.004 千米。

经过多年的测算,世界上普遍承认的地球半径是 6 371.3 千米。

地球半径有时被使用作为距离单位,特别是在天文学和地质学中经常使用,它通常用 R_E 表示。

小知识

　　尼古拉·哥白尼(公元 1473 年～公元 1543 年),波兰天文学家,"日心说"创立者,近代天文学的奠基人。他创立的"日心说"否定了在西方统治达 1 000 多年的"地心说",从根本上动摇了欧洲中世纪宗教神学的理论支柱。著有《天体运行论》。

军事记者的地质勘探之旅

地质勘探即通过各种手段、方法对地质进行勘察、探测,确定合适的持力层,根据持力层的地基承载力确定基础类型,并计算基础参数的调查研究活动。

很多地理上的新发现并不是地理学家们特意去探索研究出来的,而是从事其他行业的某些人不经意间的发现为地理学爱好者打开了一扇窗,进而引领着地理学的不断发展。新墨西哥州西北部的那伐鹤地区的古老建筑就是在这种情况下被地理学家们发现和探索研究的。

1849 年,美国政府派遣一支部队前往新墨西哥州西北部的那伐鹤地区,打算降服当地的印第安人。为了了解当地的地形,保障军队运输和铁路修建,部队带上了一个熟悉测绘技术的上尉杰姆斯·亨非·曾参和他的两位助手理查德·肯和理查德·尼德。

他们三个人都是十分优秀的绘画艺术家,一路上,他们对这个陌生地方充满了好奇,尤其是周围的环境。他们就像是在探险一样穿梭于一个又一个古老的建筑中。这里的建筑跟他们以前接触到的建筑是完全不一样的风格,暗红色的石头配上古老陈旧的颜色,让整个建筑都弥漫着神秘的色彩,这让他们更加好奇,决定深入寻找答案。

查科峡谷遗址

曾参和理查德兄弟忘记了随行的任务,他们穿梭于各个古老的建筑中,勾勒着他们眼前出现的一切,其中有很多的村落遗址和高山峡谷。特别是查科峡谷里的遗址,对曾参来讲,简直就是一次令人震惊的发现。沿着这条长达 10 英里的峡谷,散布着一连串村落的废墟遗址。大型的村落坐落在谷底,其他的耸立在谷壁边上,高高地悬在谷底村落之上。每一个村落都是一个单一独立、向四周延伸的建筑,平顶、多层,少则十几间,多则上百间。曾参和理查德兄弟不仅绘制了建筑的草图,还仔细观察了建筑的特点:这些建筑都是由砖形石块垒成的,而且做工十分细致整齐,每一块石头都像是经过了精心雕磨而成的。

回到华盛顿后,他们将绘制的草图和记载的数据交给了政府的有关部门,引起了地理学家们广泛的兴趣。

后来,不断有探险、测绘和旅游的人按照他们提供的路线,前去寻找散布在其间的废墟遗址。犹他、科罗拉多、新墨西哥和亚利桑那四州相交接的地带,成为考古研究的重要地带。这些建筑的主人是安纳沙兹人,在之后的很多年,他们的很多遗迹和遗址不断被地理学家发现,并得到了充分的研究。

地质学是七大自然科学之一,主要研究地球及其成因和演化发展。其实际应用非常广泛,如地震的预测、各类矿产的寻找与勘探、灾害性的滑坡、古生物的演化等。

凡是在地面上建筑物体,都要事先搞清楚地下的情况,所以地质勘探和测绘就显得尤为重要了。

地质勘探即通过各种手段、方法对地质进行勘察、探测,确定合适的持力层,根据持力层的地基承载力确定基础类型,并计算基础参数的调查研究活动。一般分为物探化探勘察、地质构造勘察、钻探勘察、航空磁力重力勘察。

勘探的方法主要有以下几种:坑、槽探,钻探和地球物理勘探。

坑、槽探即用人工或机械方式进行挖掘坑、槽、井、洞,直接观察岩土层的天然状态以及各地层的地质结构,并取出接近实际的原状结构土样。

钻探是指用钻机在地层中钻孔,以鉴别和划分地表下地层,并可以沿孔深取样的一种勘探方法。钻探是工程地质勘察中应用最为广泛的一种勘探手段,它可以获得深层的地质数据。

地球物理勘探简称物探,它是透过研究和观测各种地球物理场的变化来探测地层岩性、地质构造等地质条件的。常用的地球物探方法有交流电勘探、直流电勘探、磁法勘探、重力勘探、声波勘探、地震勘探、放射性勘探。

小知识

白吕纳(公元 1869 年~公元 1930 年),法国人文地理学家。他继承和发展了维达尔·白兰士的人文地理学思想,认为人文地理学应着重研究人在地表所做的事业,并把这些事业称为人文地理学的基本事实;主张人地关系的可能论,认为人对人地关系的形成具有选择的可能和自由。著有《人地学原理》、《历史地理学》、《法国人文地理学》等。

悬丝诊病抵不过无所不能的遥感技术

自然界许多物种在向外界发射电磁波的同时,也吸收外界的电磁波,据此人类发明了遥感器。遥感器通常被安装在飞机或者航天仪器上,远距离地检测地物和环境所辐射或反射的电磁波,通过对所吸收到的不同电磁波的处理和分析,来分辨不同的物种的特性。

根据古书上的记载,"悬丝诊病"在很多朝代都很盛行,因为在中国古代那个尊卑有序、男女有别的年代,御医为皇宫中的娘娘、公主们看病,怎么能够直接用望、闻、问、切呢? 为了解决这一难题,"药王"孙思邈在给长孙皇后看病时发明了"悬丝

悬丝诊病图

诊病"的方法。因为他是从民间召来的,不是有职衔的太医院御医,太监就有意为难他,先后把丝线拴在冬青根、铜鼎脚和鹦鹉腿上,结果都被他识破,最后才把丝线系在长孙娘娘的手腕上。孙思邈诊得脉象,知是滞产,便开出一剂药方,长孙娘娘遂顺利分娩。从此之后,御医们都采用了这个方法。至于"悬丝诊病"的效果具体如何谁也无从知晓,毕竟已经是几百年前的历史,即便有记载也无从考证了。

一次,乾隆皇帝的小格格生病了,他命令传御医前去诊病。但传话的太监却没有告诉御医到底是谁病了,于是御医就以为是给哪位妃子看病。

到了指定的地方之后,太监把牵好的丝线递给了御医,御医坐下来屏气凝神地捏着丝线,不一会儿他喜形于色地告诉皇上:"启禀万岁,娘娘是喜脉!"乾隆听了之后不但没有高兴的表情,反而有些生气,御医这时有点摸不着头脑了。当他被太监带到帘子的后面看"娘娘"时,不由得大吃一惊,原来线的另一端根本就没有人,而是一把椅子。他"扑通"一声跪在了地上说:"万岁,微臣诊脉从未有过差错,这其中一定有什么玄机,如果劈开凳腿,便能验证微臣的话是真是假。"

太监们将凳腿劈开之后,御医迫不及待地上前观察,只见凳腿中有一个小蛀洞,洞内有一只小虫正在蠕动。御医忙跪下来说:"万岁请看,凳腿中的小虫即将要

繁衍后代,所以臣诊出了喜脉。"

乾隆上前一看,果然是像一只怀孕的虫子,于是就相信了御医的话,让他为小格格诊治。

"悬丝诊病"很难找到科学依据,而遥感技术的功效却远远超过了这种诊病的方法。

自然界许多物种在向外界发射电磁波的同时,也吸收外界的电磁波,针对这一现象,科学家们发明了遥感器,遥感器通常被安装在飞机或者航天仪器上,远距离地检测地物和环境所辐射或反射的电磁波,通过对所吸收到的不同的电磁波的处理和分析,来分辨不同物种的特性。

在通常情况下,物体所吸收到的辐射强度与它自身的温度和其他物理性质有密切的关系,并且它们是按照波长来分布的,根据不同的波长和频率,遥感器分为紫外遥感器和可见光遥感器。

紫外遥感器所选用的是近紫外波段,它的波长一般在 0.3～0.4 微米范围以内,常见的紫外遥感器有紫外线摄影机和紫外线扫描仪,以及多光谱照相机等。可见光遥感器能够接收地物反射的可见光,它所选择的波长为 0.38～0.67 微米,如一些普通的照相机、多光谱扫描仪等。

如果按照记录数据的不同,遥感器又可分为成像遥感器和非成像遥感器两种,如果按照是否带有探测用的电磁波发射源来划分的话,它又可分为有源式和无源式两种。

每一种遥感器都有它适用的范围,并且根据其特性,也能起到互补的作用,如光谱照相机虽然空间几何分辨率高,但是它只适用于晴朗的天气,阴雨或黑夜就难以发挥作用,而有源微波遥感器就能适用各种天气,并且还能使用波长较长的微波,探测深层的地质特征。

遥感器在地理研究中起到了不可估量的作用,随着现代技术的进步,它越来越广泛地被应用到社会发展的各个方面。

小知识

弗雷德里克·威廉·比奇(公元 1796 年～公元 1856 年),英国地理学家。1818 年和 1819 年参加了 J. 富兰克林和 W. E. 帕里的北极探险。1821～1823 年去非洲北岸探险。1825 年起对太平洋进行航海探险,发现了小笠原群岛。1827 年 6 月宣布该岛为英国领土。1835 年和 1837 年去南非海洋和爱尔兰进行实地考察。著有《1821～1822 年由的黎波里向东考察非洲北岸的探险记》。

第一架地球仪

地球仪是仿照地球的样子,把地球上所有的一切按照一定的比例缩小而成的地球的模型。这样做能够避免平面地图上存在的一些长度、方向、面积或形状方面的误差和变形,可以最大程度地反映地球的真实情况。

马丁·倍海姆于1459年生于德国纽伦堡,他出生在一个从事远洋贸易的贵族商人家里,是家里唯一的男孩。长大后的马丁·倍海姆,成为了远近闻名的地理学家和航海家,并且制造了世界上第一个地球仪。

马丁·倍海姆二十几岁时就随船队去世界各地探险,后来他成为了船队的副统领。在一次艰难的探险中,因为没有地图他们的船队差一点被大海吞噬,随后他决定制作一个地球仪作为船队探险的指向标。

这是一个费时又费力的大工程,马丁·倍海姆结合新旧地理知识、古希腊对世界的猜想、中世纪的地理思想以及航海探险的新结果,绘制了很多的图画。他还根据自己的见闻和朋友们的经历以及很多国家最新的航海信息,写了很多故事,描绘了很多怪模怪样的土著居民以及一些奇异的动植物等等。接着,他把所描绘的图像以及描写的土著居民和当地动植物全部绘制在一个直径有51厘米的球体上。这个球体被命名为"Erdapfel",字面意思就是"地球苹果",也就是我们现在所说的地球仪。马丁·倍海姆在地球仪上标注出2 000个地名,100多幅插图,48面旗帜,15艘船只,50多个图例,以及他所能收集到的各种知识。在地球仪最醒目的地方他写了一句话:"世界是圆的,可以航行到任何地方。"这是马丁·倍海姆以及麦哲伦等航海家,根据自己的航行经验得出的科学结论。

马丁·倍海姆的地球仪为后来的航海和探险作出了巨大的贡献,也是现在我们所使用的地球仪的雏形。

为了能够更清晰地认识地球的形象和构造,人们发明了地球仪。地球仪是仿照地球的样子,把地球上所有的一切按照一定的比例缩小而成的地球的模型。这样做能够避免平面地图上存在的一些长度、方向、面积或形状方面的误差和变形,可以最大限度地反映地球的真实情况。

根据不同的用途,地球仪可分为以下几种:

1. 经纬网格地球仪。这种地球仪上面经线和纬线互相交织,形成经纬网,人们利用经纬网的点线之间的距离与结构,可以精准地确定国家和地区的具体位置。比如它可以给飞机定位,还可以在茫茫大海中为迷航的船只导航。经纬网多用于军事、航空、航海等。

2. 政区地球仪。这类地球仪用卫星定位数据,按比例画出等高线,呈台阶状隆起,用不同的颜色划分出了不同的地区,使高山、平原、盆地、沙漠、峡谷、江河、海峡、海沟等地理信息一目了然。

3. 自然面貌地球仪。这种地球仪表示的是地球的自然面貌,它上面还很细致地标注了季风的变化以及洋流等。

4. 地形地球仪。这种地球仪的表面不再是平滑的,而是凹凸不平的,用来形象地表示地球上起伏不平的高山与峡谷。

马丁·倍海姆制造的地球仪

除了上述几种功能以外,人们为了研究天文现象,还制作了天文地球仪,通过太阳与地球之间的公转与自转,研究光照的时间,方便人们确定白天、黑夜、季节的变化,以及分析世界时差等。

小知识

埃德蒙·哈雷(公元 1656 年~公元 1742 年),英国著名天文学家、数学家,曾任牛津大学几何学教授和格林尼治天文台台长。他发现了哈雷彗星,还发现了天狼星、南河三和大角这三颗星的自行,以及月球长期加速现象。主要著作是《彗星天文学论说》。

徐霞客注重地理调查与资料收集

各个历史时期的古物遗迹遍布各地,有的裸露在地面,有的则深埋在地下,还有的因为大陆架的活动而被浸泡在水里,这就需要对其进行发现、挖掘,然后搜集、整理、记录等。这种探索方式在科学界被称为"田园调查"。

徐霞客是中国著名的地理学家,他所著的《徐霞客游记》成为了地理学研究史上的一部巨著。徐霞客从小就喜欢阅读有关天文地理、名山大川的书籍,二十几岁的时候他就带着仆人去全国各地游览山水名胜、探索自然奥秘,足迹遍布中国华北、华东、华南和西南大部分地区。

因为祖上多是读书人,所以徐霞客的家族也堪称是书香门第。他的父亲一生不愿为官,偏爱游历名山大川,受父亲的影响,徐霞客小时候也读了很多历史、地理以及游记方面的书籍。

在 19 岁那年,徐霞客正打算出去游历一番,可是父亲突然去世了,按照当时的道德规范,父母在不远游,父亲虽然去世了,但是还有母亲需要照料,所以徐霞客放弃了出门的打算。不过他的母亲是一个很开明的人,她知道儿子的心事,便鼓励他说:"好男儿志在四方,出去游历,既能增长见识,又能开阔视野,如果一辈子把自己

溶洞景观

像小鸡一样困在家里,又有什么作为呢?"母亲的话给了徐霞客莫大的信心和勇气,3 年守孝期满,他便拜别母亲,踏上了游历名山大川的征程。

有一次,徐霞客去湖南衡阳游览风景名胜,在途中从当地人口中得知附近山上有一个麻叶洞,里面有神龙虎怪,人们不敢进去。这个说法一下子就勾起了他的好奇心,于是决定去麻叶洞探险。

徐霞客不熟悉当地的地形,决定在当地找一个向导。但是当地人都深信麻叶洞中有神龙虎怪,一听到"麻叶洞"3 个字就脸色大变,一个个惶惶然回答说:"快不要提麻叶洞,里面的妖精年年

作怪,前些日子有两个书生不听劝,进去了就再没出来!"后来,徐霞客出了高价才勉强找到一个向导,这个人带着他们主仆两人走到了麻叶洞洞口。起初,向导一直以为徐霞客是懂法术的人,后来听说他只是一个书生,根本不懂得什么法术时,立刻吓得拔腿就跑了。

徐霞客和仆人举着火把进入了麻叶洞,那洞口甚是狭窄,仅容一人通过。洞内冷气袭人,阴森可怖,不时有水珠滴在颈上,令人毛骨悚然。也不知走了多少时间,只见侧面突然有一丝亮光出现,主仆两人忙绕了过去,随即却被眼前的奇景惊得目瞪口呆:头顶的巨石上,齐刷刷裂开一丝狭缝,阳光从缝隙中射入,把洞中的景象映得宛如仙境一般。朦胧中,但见根根石柱从洞顶垂下,棵棵石笋从地上生出,千姿百态,变化万千,令人目不暇接。徐霞客心中明白,这些所谓的神龙虎怪,是流水侵蚀石灰岩地形时溶化在水中的石膏逐渐凝结而形成的景象。

在长期的游历考察过程中,徐霞客曾经3次遭遇强盗,4次绝粮,但是重重困难都被他踩在了脚下。不仅如此,他还根据自己亲身的见闻和搜集的资料编纂了《徐霞客游记》,为中国地理学的发展作出了不可磨灭的贡献。

各个历史时期的古物遗迹遍布各地,有的裸露在地面,有的则深埋在地下,还有的因为大陆架的活动而被浸泡在水里,要使人们能够重新了解它们,就需要用科学的方法,对其进行发现、发掘,然后搜集、整理、记录等。这种探索方式在科学界被称为"田园调查",徐霞客便是首创"田园调查"的第一人。

"田园调查"分为参与观察和深度探索两个阶段。参与观察首先要选择有代表性的地段或区域,然后对当地的风土人情和地势地貌进行认真的了解,熟悉当地的县志,以及其他一些具有代表性的文献数据。在掌握这些资料以后,接下来便是与当地政府取得联系,获得他们的支持,开始进一步深入的研究工作。

了解当地的风俗,以便能更好地融入其中,对于田园调查来说,是保证深入研究顺利进行的首要条件,所搜集的资料主要注重以下几个方面:

1. 尽可能地发现和搜集新材料。

2. 在同一个民族的前提下,搜集本地区与其他地区文化之间的差异。

3. 搜集资料要客观准确,以保证调查的真实性。

沈括对天文历法的贡献

浑天仪由浑仪和浑象两部分组成,浑仪用来测量天体球面坐标,浑象则是用来演绎天象的一种仪器。沈括利用浑天仪,经过对比与研究,最后得出北极星与北极距3°这个重要结论。

沈括出生在一个官僚家庭,在母亲许氏的指导下,他14岁就读完了家中的藏书。接着,他跟随在外做官的父亲云游各地,这使他有机会接触到社会,不仅对当时人民的生活和生产情况有所了解,而且还培养了对地理学的浓厚兴趣。

他在24岁时踏上了仕途,由最初的海州沭阳主簿,到后来的县令,直至后来的进士及第。虽然为官,沈括也没有放弃对天文地理的观察与调研。

有一次,沈括在读书的时候看到了"高奴县有洧水,可燃"这样的话,感到十分不解,不知这是一种什么样的水,竟然能够点燃。后来,他去高奴县做实地的考察,果然发现了一种褐色的液体,当地人称之为"石漆",这种液体能够用来烧火做饭,还能用来点灯或者取暖。于是,沈括将这种"神奇"的液体记载了下来,还为其取了一个新的名字叫做"石油",并且大胆预言这种液体在以后必将得到全世界广泛的应用,可以代替松木等来作为燃料。

浑天仪

宋神宗熙宁二年(公元1069年),沈括参与到王安石的变法运动中,并且受到了王安石的器重,其间他担任过管理全国财政的最高长官三司使等许多重要官职。王安石变法失败后,沈括被贬官。3年后,为抵御西夏,他兼任鄜延路经略安抚使,因守边有功,元丰五年(公元1082年),升龙图阁直学士,后来,又被降职为均州团练副使。哲宗元祐二年(公元1087年),他完成了自己花费12年心血编修的《天下州县图》。次年,沈括功成身退,定居润州梦溪园,在此安度晚年。在隐居中,他写出了闻名中外的科学巨著《梦溪笔谈》。书中涉及天文、气象、地质、地理、文学、历史、音乐、艺术、数学、物理、化学、生物、医药、冶金、印刷等十几个领域的内容,其中既有各种现象的分析,也有理论的阐述和解释。

为了纪念他所作出的卓越贡献,中国科学院紫金山天文台将 2027 号小行星命名为"沈括"。

沈括在主持司天监工作期间,为了实测天体运行的情况,以便推算、制订新的历法,他改革并创新了几种重要的天文仪器,其中包括主要的观测仪器——浑天仪。浑天仪由浑仪和浑象两部分组成,浑仪用来测量天体球面坐标,浑象则是用来演绎天象的一种仪器。为了确认北极星的位置,沈括用了好几个月的时间,每天晚上观察北极星,把前夜、中夜和后夜所观察到的不同的位置都绘制在图面上,经过对比与研究,最后得出北极星与北极距 3°这个重要结论。

通过对天文的研究,沈括发现节气的变化与日月的盈亏没有任何的联系,为了解决它们之间脱节的矛盾,他大胆提出废除以朔计月、以月计年的旧的编年方式,提倡以二十四节气循环一次为一年的设想。

北宋时期,人们已经发明了指南针,许多人在出远门的时候,都会用磁石磨成的针来指示方向。可是在使用的过程中,人们发现,指南针的地磁子午线和地理子午线之间总有一些细微的偏差,沈括把这一发现记录在《梦溪笔谈》里,提示人们指南针针头所指的并不是正南方向,而是有偏差的。

除了上述的贡献以外,沈括还在天文、方志、律历、音乐、医药、卜算方面都有很深入的研究,并发表著作。英国科学史家李约瑟评价沈括是中国科学史上的一个坐标。

小知识

赖尔(公元 1797 年～公元 1875 年),英国地质学家。他提出"将今论古"现实主义方法论原理和渐变论思想,所著的《地质学原理》是 19 世纪有关地质进化论的经典著作。

竺可桢与气象资料统一投影

从卫星云图上，我们可以清楚地看到地球被一层厚厚的大气所包裹，这就是大气层。大气层的主要成分是氮气和氧气，厚度在 1 000 千米左右，并且在不同的高度会呈现出不同的特征，分为对流层、平流层、中间层、暖层和散逸层。

说起中国的气象学，我们自然而然地就想起了竺可桢，他是中国近代气象事业的主要奠基人，为中国的地理学作出了杰出的贡献。

竺可桢在很小的时候才学就超出了同龄的孩子，但是他却经常被其他孩子取笑，因为他的个子很矮，而且很瘦小。有一次，竺可桢行走在教室的走廊里，迎面走来一群小孩，他们走到竺可桢的身边的时候就开始嘻嘻哈哈、挤眉弄眼。只听见其中一个孩子说："读书好有什么用，这么瘦小，台风还没来可能就被刮跑了！"另外的几个孩子也七嘴八舌地附和着他的话。

听到了这些话，竺可桢心里十分难过，他下定决心要努力锻炼身体，成为一个对国家、对社会有用的人才。于是，他在当天晚上就制订了一套详细的锻炼身体的计划，抄了好多份分别贴在床头、桌子等每天都能看到的地方。同时还在锻炼计划书最醒目的地方写了几个大字——"言必行，行必果"，用来时刻提醒自己不可放松。

从那之后，竺可桢每天都坚持锻炼身体，不管刮风下雨从未间断过。凭借这份执著与意志，竺可桢的身体越来越棒，再也没有人取笑他了。良好的身体素质促使竺可桢更加渴望获得更多的知识，他努力学习，研究中国的气象学和地理学，并且取得了令人瞩目的成绩。

在气象科学研究中，竺可桢一向十分重视气象气候与生产生活的联系。早在1922 年，他就发表过《气象学与农业之关系》的学术论文。1930 年 3 月，经过竺可桢领导的气象研究所和全国各方面共同努力，中国政府取缔了上海徐家汇发布气象预报的顾家宅电台，开始了由中国人自主发布气象预报的历史。竺可桢还亲自主持编印出版了《中国之雨量》和《中国之温度》两本书，被认为是中国近代气象事业发展的明证，也是记录年代最久、涉及台站数量最多、质量最有保证、内容最完整的降水和气温数据。

从卫星云图上，我们可以清楚地看到地球被一层厚厚的大气所包裹，这就是大气层。大气层也叫大气圈,它的主要成分是氮气和氧气,除此之外,还有少量的氩气、二氧化碳,以及其他稀有气体。大气层的厚度在 1 000 千米左右,并且在不同的高度会呈现出不同的特征,根据这些特征,它可以分为对流层、平流层、中间层、暖层和散逸层。

处在大气层最底层的是对流层,它与地球赤道的距离是 17 千米,与地球两极的距离是 8 千米。由于离地球表面很近,地面高温蒸发上来的水蒸气都存在这里,因此云雾雷电等天气现象也都发生在这一层。

对流层上面是平流层,它距离海平面约 50 千米,这个层面上氧分子在紫外线的作用下,形成臭氧层,可以保护地球上的生物不受太阳上高能粒子的侵害。这一层气候稳定,晴朗无云,适宜飞机航行。

1951 年,时任中国科学院副院长的竺可桢在华沙访问。

距离地球表面 85 千米的层面叫中间层,从这里一直到 500 千米的地方,是热层,在这两层范围内,经常发生一些奇特的天气现象,如极光、流星等。因为热层距离太阳较近,在太阳的辐射作用下,温度升高,所含的气体分子或原子被电离,所以形成能够导电的电离层,能够发射无线电波,人们利用这一点实现了无线通信。

从 500 千米往上,就是外层,外层温度高达数千度,且大气稀薄,从这里可以直接通向遥远的星际空间。

大气层的完整,对人类生存的环境有直接的影响,所以保护大气层,就是保护地球家园。

小知识

拉普拉斯(公元 1749 年~公元 1827 年),法国著名的天文学家和数学家,天体力学的集大成者。他用数学方法证明了行星的轨道大小只有周期性变化,这就是著名的"拉普拉斯定理"。著有《天体力学》、《宇宙体系论》和《概率分析理论》等。

中国古代唯一的系统制图理论

　　裴秀是中国历史上一位杰出的地图学家,他发明的制图六体,不仅提出了经纬线在地球上的投影,而且还考虑到现代制图上的很多主要因素,因此在当时被称为世界上最完善、最科学的制图理论,因此赢得了"制图学之父"的美誉。

　　制图在地理学领域是一个至关重要的工作,有了图形才有研究的依据,因此制图成为很多地理学家研究的方向。

　　在中国古代魏末晋初时期,有一位特别擅长制图的地理学家叫裴秀,他年少时聪明好学,情操高尚,因为在地理学制图方面有较高的造诣,所以长大之后担任地官职务,主要管理国家户籍、土地、田赋和负责地图的编制工作。

　　有一次,他在查阅地理数据的时候,翻开了很久以前的一本地图集开始查阅某个地方。在仔细观察的过程中他发现了好多的问题:过去的地图有记载上的错误,这些错误又被其他的地图集或者是书籍延续了下来。而且过去的《天下大图》是用80匹绢绘成的,不方便查阅,也不是很详细。

　　针对旧的地图集中的各种问题,裴秀开始编制新的地图集。他走遍了中国的好多地方,对全国地理逐一做了详细的调查核实,之后根据调查结果制作成《禹贡地域图》18篇,这是中国第一部历史地图集。后来,他又将原来用80匹绢绘成的《天下大图》压缩制成《地形方丈图》。

　　这幅新的地图对山脉、都市、乡村等地理要素都记载得很详细,而且携带批阅十分方便,在之后的好几百年之内,成为人们查阅的标准。

　　在制图的过程中,裴秀还总结了前代制图学的理论,提出了制图六体,也就是分率、准望、道里、高下、方邪、迂直6条原则,这6条原则相互补充,为后来编制地图奠定了科学基础,在中国地理学史上乃至世界地理学史上都有重要的地位。

　　裴秀是中国历史上一位杰出的地图学家,他发明的制图六体,不仅提出了经纬线在地球上的投影,而且还考虑到现代制图上的很多主要因素。因此在当时被称为世界上最完善、最科学的制图理论,其中许多重要的纲领被很多国家所沿用,裴秀也因此赢得了"制图学之父"的美誉。

　　在制图六体中,裴秀详细地讲解了制图的要领和方法:

　　1. 分率,分率即制作比例尺,按照真实地形的大小,在图上按照一定的比例缩小,这个缩小的尺度就是比例尺。

2. 准望,准望即在制图过程中,要明确地貌以及地物之间的方位与关系。

3. 道里,用来测定地图上各个区域之间的距离。

4. 高下,就是高程,指的是从某一点到与它相垂直基面的距离,高程有假定高程和相对高程两种,

从某点到假设的水平基面的距离为假定高程,反之到固体基面的距离为相对高程。

5. 方邪,方邪是针对地球表面起伏的坡度上的标注。

6. 迂直,指的是地理上实际地貌的高低起伏与图上比例之间的换算。

裴秀的制图六体是根据实际的经验所总结的,它们之间环环相扣,缺一不可。如果有图像没有分率的话,就看不出来实际地势的远近;如果有分率而没有准望的话,即便是知道有这个地方,也不知道它的具体方位;如果有准望而没有道里的话,就是知道具体的方位,也不知道通向它到底有多远;而如果仅有道里,而没有高下、方邪、迂直等条件对真实的地形加以校正的话,实际的里程与图上看起来的里程相去甚远。

小知识

　　乐史(公元 930 年~公元 1007 年),北宋文学家、地理学家。他一生中影响最大的一部地理著作是《太平寰宇记》,全书 200 卷,130 余万字,是继唐代《元和郡县志》以后的又一部采摭繁复的地理总志。

为扩张打掩护的麦金德
提出大陆腹地学说

"大陆腹地学说"又被称做"陆心说",如果把整个欧亚大陆和非洲看做是一个世界岛的话,离这个世界岛最偏远的地方,就被称做是腹地。其主要是强调地理位置和地理因素在一个国家的重要程度,它是决定一个国家在世界范围内,经济发展和政治统领的必要条件。

地理学有些时候也会影响政治和经济,体现这种影响最明显的就是"大陆腹地学说"。作为地理学上的一种思想,"大陆腹地说"又影响到了世界的政治和经济。这一思想是英国地理学家和地缘政治家麦金德提出来的。

麦金德曾经担任过牛津大学的高级讲师和第一任地理系主任,在给学生们上课的时候,他不止一次提到"大陆腹地学说"这一观点。

一次,有一位学生对他的这一思想提出了质疑,麦金德就引用了大量历史事实说明来自大陆腹地的征服者对边缘地带向着三个方向扩张和侵略:向东南方向就是澳洲;向东北方向就是经西伯利亚和阿拉斯加到美洲;向西到欧洲边缘地带和南部腹地。

最后,他还告诉了那个学生一句名言:"谁统治了东欧,谁就统治了大陆腹地;谁统治了大陆腹地,谁就统治了世界岛;谁统治了世界岛,谁就统治了世界。"学生们都被眼前的这位教师的话说服了,他们都深信"大陆腹地学说"的正确性。

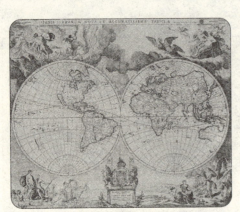

"大陆腹地学说"出现的那个年代正值英国对外侵略扩张的时候,这种地理学上的思想,其实就是在适应当时英国对外侵略扩张的要求,为英国的对外侵略打掩护而已。

这一思想在西方政治生活中影响很深,它曾经一度成为地缘政治学者们鼓吹纳粹征服世界的信念,有些西方政治学家甚至认为中、苏关系的发展也与麦金德的"大陆腹地说"有关。

"大陆腹地学说"又被称做"陆心说",如果把整个欧亚大陆和非洲看做是一个世界岛的话,离这个世界岛最偏远的地方就被称做是腹地。麦金德提出这个学说,主要是强调地理位置和地理因素在一个国家的重要程度,它是决定一个国家在世界范围内,经济发展和政治统领的必要条件。

世界上任何政治活动,都会选择一个特定的时间,在特定的地理区域内举行。因此,特定的地理环境不仅为政治活动提供了有利的空间,还提供了资源保障,除此以外,不同的地理区域,所产生的不同的历史文化和风土人情,也在一定程度上影响着人类的政治行为和历史的发展趋势。

从地理形势来看,欧亚大陆边缘地区,无论是地理环境还是工农业生产条件,都优于心脏地带。从形式上看,当大陆心脏地区的游牧民族被有组织的群体所取代时,他们向外扩张的形势并没有改变,到了 19 世纪,扩张到了一定的程度,他们在海上的势力被不列颠所扼制,进而形成了不列颠以海军控制来实现包围欧亚大陆的形势。

19 世纪,西方很多地理学家就曾经研究了地理位置与国家之间的关系,从柏拉图的《理想国》到拉采尔的《政治地理学》,从瑞典学者谢伦的《地缘政治学》到斯皮克曼的《陆缘说》,都科学而直观地探讨了这个关系。尤其是在进入 20 世纪以后,科恩提出来的"地缘战略区"和"地缘政治区"更为政治地理学的发展起到了推波助澜的作用。

小知识

贾耽(公元 730 年～公元 805 年),中国唐代著名的政治家、地理学家。他在地图学上的成就,主要体现在《海内华夷图》上,并且使裴秀首创的"制图六体",在濒临失传的紧要时刻,被继承了下来。同时,他还开了中国以两种颜色标注地名的先河。著有《海内华夷图》、《古今郡国县道四夷述》、《皇华四达记》、《吐蕃黄河录》等。

美丽的大峡谷传说
是侵蚀循环学说的见证

"侵蚀循环学说"是美国地理学家戴维斯于1884～1899年间提出的一种地形发育理论。他认为地块开始上升与被逐渐剥蚀夷平,并降低到起伏不大的地面或接近基面的准平原之间,存在着连续的剥蚀过程和地表形态。该学说的假定前提是:① 位于潮湿温带;② 岩性均一;③ 起始地形是平原;④ 地壳仅是在开始时有一次急速上升,其后进入长期的稳定。

科罗拉多高原上美丽的大峡谷是怎样形成的呢? 人们都对它的成因做了各种的猜想,但是在印第安人生活的那片土地上却有这样一段美丽的传说:

印第安人在很久之前就生活在科罗拉多高原上,他们有着明确的分工,男人出去狩猎,女人出去摘野果。后来他们学会了种植,就在自己的房子附近种上一些简单的农作物。他们就这样在属于自己的土地上,过着与世无争的生活。

后来天降大灾,科罗拉多高原上突然来了洪水。印第安人四处逃难,上帝看着可怜的人们,心生怜悯,就将人类化为了鱼鳖,才让他们从这场灾难中幸免,这也是直到现在印第安人都不吃鱼鲜的重要原因。

虽然印第安人在这次的洪水中幸存,但是科罗拉多高原上的洪水依然肆虐,洪水不断侵蚀着高原上的土地,那些比较坚硬的岩层构成河谷之间地区的保护层,而河谷里洪水的侵蚀作用十分活跃,于是出现了平台型大山或堡垒状小山。

科罗拉多大峡谷

洪水就这样每天雕刻着大峡谷,一天都没有停息过。现在我们所看到的大峡谷其实是经历了几十亿年的漫长岁月而形成的,这种雕刻依然在继续着,虽然我们无法察觉水流对峡谷塑造的进度,但是随着时间的演进,展现在我们眼前的一定是更加令人难以置信的壮观景象。

印第安人的灾难,印证了"侵蚀循环学说"。"侵蚀循环学说"的精髓,就是阐述有关地形发育的理论。

"侵蚀循环学说"是美国地理学家戴维斯于 1884～1899 年间提出的一种地形发育理论。他认为地块开始上升与被逐渐剥蚀夷平,并降低到起伏不大的地面或接近基面的准平原之间,存在着连续的剥蚀过程和地表形态。该学说的假定前提是:① 位于潮湿温带;② 岩性均一;③ 起始地形是平原;④ 地壳仅是在开始时有一次急速上升,其后进入长期的稳定。

由于地质内部大陆板块的运动,使地面产生不同程度的上升与沉降,进而形成分水岭和谷底,然而在气候变化以及水流的侵蚀下,这些高低不平的表面会逐渐平缓。起初,当地面被板块运动迅速抬升的时候,虽然下面的河流也在不断地侵蚀,但是由于地面抬升速度过快,相比之下,河流对谷底的侵蚀要缓慢得多,这时候分水岭与河谷之间并没有呈现出太大的高差,地表看起来是平缓的状态。

当地面上升运动结束的时候,河流依然继续对谷底进行侵蚀性的下切活动,由于分水岭所受到的侵蚀作用是缓慢的,所以它与谷底之间的高差便逐渐加大,地表起伏大,呈现出明显的峰谷,河流对谷底的侵蚀到了一定的程度,便逐渐减弱,直至停止,谷底高度不再降低。这时候地面上由于河流水系分布广泛,河流对地表的侵蚀开始明显,分水岭高度不断地下降,这时它与谷底之间的高差逐渐缩小,整个地势在二者相对的作用下又趋于平缓,这样的活动到最后,由于河流对它们的侵蚀已经达到一定的程度,二者的高差不再发生强烈的变化,在含有一定起伏的状态下,形成带有波谷的侵蚀性平原。

这样的侵蚀性平原,被称为准平原。美国地理学家戴维斯对这一现象进行了深入的探讨和研究,并提出了"侵蚀循环学说",地面的每一次抬升,都会重新演绎一遍这个循环侵蚀的过程。

小知识

戴维斯(公元 1850 年～公元 1934 年),美国地理学家、地质学家,美国地理学奠基人。1869 年和 1890 年,他先后发表《宾夕法尼亚的河流和河谷》、《纽泽西北部的河流和河谷》两篇论文,提出"侵蚀轮回学说",用发生学观点解释地貌的发生和发展,推动了地貌学的发展,并产生广泛影响。主要著作有《自然地理学》、《地理学论文集》、《珊瑚礁问题》等。

魏格纳病床上提出的
大陆漂移假说

　　"大陆漂移说"认为,在中生代以前,地球上的大陆是一个整体的板块,这个整体被称为泛大陆或者联合古陆,从中生代开始,由于地壳的运动,大陆板块开始发生裂变,并在潮汐和离极力的作用下,开始分散、漂移。

　　世界轮廓图早在公元 2 世纪就已经出现,在公元 16 世纪初的时候麦哲伦进行了环球航行对世界轮廓图进行了验证,直到 20 世纪初之前都没有人深究过这幅世界轮廓图。

　　1910 年的时候,德国著名的地理学家阿尔弗雷德·魏格纳因为生病住进了医院,他的病床前挂着一张世界地图,没事的时候他就盯着那张地图看。

　　突然有一天,魏格纳在那张普通的地图上发现了一个不可思议的现象:非洲的西海岸和南美洲的东海岸的轮廓正好是吻合的,假如说将二者拼接一下的话,就会像拼图游戏一样结合在一起。亚洲东部的很多岛屿也是如此,地球上所有的陆地就像是从一块大的版图上漂出去的一样。

　　据此,魏格纳突然有了一个大胆的猜想:在远古时代,地球上只有一块大的陆地,但是随着地壳的变化和在海洋中的漂移,这一块大的陆地就被分成了好多个小块,每一个小块都在慢慢地漂向远方,就形成了现在的这种格局。

　　魏格纳出院之后,根据这个猜想进行了广泛的调查与研究,他的调查范围涉及世界各地的地层特点、动植物的古生物化石及古代冰川的遗迹。经过研究,他发现远古时期非洲的西海岸和南美洲的东海岸确实是连接在一起的,二者的地层中甚至都有同一种类的化石。这种结果更加让他深信"大陆漂移说"的正确性。

　　后来,魏格纳将自己的调查研究结果公布于世,并发表了"大陆漂移说"的理论。此理论一经发表,就在地理学界引起了轩然大波,很多地理学家针对这种理论又进行了系统的调查论证,证明了其正确性,但是具体是什么力量导致了这种漂移,还是困扰地理学家们的一个重要的课题。

　　"大陆漂移说"是解释地壳运动、海洋与大陆分布状况以及它们之间演变过程的一种学说。1912 年,阿尔弗雷德·魏格纳在他的一篇学术论文里,正式提出来

"大陆漂移说"的假说。他认为,在中生代以前,地球上的大陆是一个整体的板块,这个整体被称为泛大陆或者联合古陆,从中生代开始,由于地壳的运动,大陆板块开始发生裂变,并在潮汐和地球自转的离极力的作用下,开始分散、漂移。

早在 1620 年,英国地质学家培根就曾经提出,现在的西半球与欧洲和非洲之间曾经是一个整体的说法。1668 年,法国的普拉赛也认为,在地球上第一次出现大洪水(巴比伦文明的洪水神话)之前,各个大陆之间是一个整体。到了 19 世纪,地理学家修斯对这一说法进行了探索,经过对南半球各大陆上的岩层的分析,他发现这些大陆块上的岩层非常一致,完全可以把它们合成一个整大陆。修斯把这个假设存在的大陆叫做冈瓦纳古陆,它因靠近印度中部的冈瓦纳地方而得名。

存在大陆漂移的证据有以下几点:

1. 大西洋两岸之间海岸线是相对应的,特别是凸角和凹槽都是吻合的。

2. 美洲和非洲、欧洲之间在地层、岩石结构上也是一致的。

3. 在相邻的大陆之间,所生存的生物物种都有相近相似的亲缘关系。

4. 在南美洲、非洲中部南部、印度、澳洲都发生过冰川作用,在其他广大区域没有发现冰川遗迹,这表明它们曾经是相连的。

5. 现代化的测量数据显示,大陆仍在缓慢地进行移动。

小知识

阿尔弗雷德·魏格纳(公元 1880 年～公元 1930 年),德国气象学家、地球物理学家、天文学家,"大陆漂移说"的创始人。1912 年 1 月 6 日,他在法兰克福地质学会上做了题为"大陆与海洋的起源"的演讲,提出了大陆漂移的假说。1915 年出版了《海陆的起源》一书,有系统地阐述了"大陆漂移说"。

学者舰长提出
海底扩张学说

"海底扩张说"为海底地壳生长和运动扩张的一种学说,是对"大陆漂移说"的进一步发展。它是20世纪60年代,由美国科学家H.H.赫斯和R.S.迪兹分别提出的。

赫斯堪称是地理学上的一个风云人物,他是美国普林斯顿大学地质系的系主任,曾以运输中队中校的身份参加了第二次世界大战。尽管是去作战,但赫斯仍然没有忘记自己地质学家的身份,他合理地利用了每一个可以利用的机会来进行地质观察与研究。

在战争期间,赫斯担任运输中队中校,所以他经常能有机会乘坐潜艇进行水下观察,并发现了太平洋海底有许多顶部平坦的火山。战争结束之后,赫斯立刻回到了自己的工作岗位上,发表了在战争中观察到的160个平顶海山,并且以普林斯顿大学第一位地质学教授盖约特的名义,为这些平顶海山起了名字。

发表了"盖约特"之后,赫斯就开始针对这种平顶海山进行具体的研究。经过一段时间的调查研究,赫斯发现了一个震惊地理学界的新的学术思想——海底扩张学说。

全球洋底地貌图

在一次学术发表会上,赫斯首次表达了这一观点。他认为,地幔的顶部被称做大洋,新的地壳由地幔物质在大洋中脊底裂谷处上升形成,而新的地壳又会在海沟处下沉重新返回地幔深处。大洋也并不是永恒的,大约每隔100万年洋壳就要更换一次。勒霍姆斯的"地幔对流模式"正好能够解释这一个过程,随着地幔对流的不断进行,洋壳就会不断地在大洋中脊处诞生,又会不断地在海沟处消亡。就这样,"海底扩张学说"诞生了,这个学说是以大陆漂移说等思想作为基础的。

"海底扩张说"的出现,引起了地质学家的广泛关注,也为以后地质学的发展做了良好的铺垫。

20世纪60年代,赫斯教授在其著名的论文《洋盆地的历史》里,首先提出了"海底扩张学说"。

地球的构成部分有三,分别是地壳、地幔、地核。温度很高、压力很大的地幔,如同沸腾的钢水,不停地翻滚,由此产生激烈的对流,并聚积起强大的动能。作为地壳的大陆和洋底,则被这种动能推动,缓慢地在地幔形成的对流体上移动,并随着地幔不停地涌升。在持续而强大的地幔涌升力的驱动作用下,洋壳慢慢地撕裂,在裂缝中,就会涌出新的岩浆,这些岩浆经过冷凝、固结,成为新的地壳,再次被新的涌升流动所推动。如此一来,经过反复不停地运动,新的洋壳不断地产生,并把旧的洋壳向两侧逐渐推移出去,这就形成了海底扩张。

1965年,又有科学家提出了转换断层的概念,这一概念的提出,使岩石圈水平位移在理论上成为可能,由此阐明了由于洋中脊的扩张,新生洋壳和海沟带的洋壳,经过俯冲消减的消长,达到平衡的关系,证明了扩张与消减速率相等。

洋中脊处,新的洋壳不断产生,而其两侧,离洋中脊越远处,洋壳越古老,这又证明了大洋底部在不断扩张和更新。海底扩张学说,充分解释了一系列海底地质现象。它的提出,使"大陆漂移说"再次兴起,并引导人们发现了地壳存在大规模的水平运动。

小知识

H. H. 赫斯(公元1906年～公元1969年),美国海洋地质学家、地球物理学家。1962年,他在《洋盆的历史》中提出海底扩张的概念,指出在大洋中脊轴部地幔物质上涌,形成大洋地壳;随着中脊轴部新洋壳不断形成,先成的洋壳向洋中脊两侧扩张,最后在海沟地区俯冲返回地幔。"海底扩张说"复兴了阿尔弗雷德·魏格纳的"大陆漂移说",奠定了"板块构造说"的理论基础。

庞贝古城的末日

泥火山,顾名思义是由泥构成的火山。说是泥,是因为它的的确确是由黏土、岩屑、盐粉等泥土构成;说是火山,却又不是一般的火山,通常所说的火山最基本的特征是由岩浆形成的,并具有岩浆通道,而泥火山则是由泥浆形成的,不具有岩浆通道。不过,泥火山不仅形状像火山,具有喷出口,还有喷发冒火现象。

爱琴海边有一座山,据说那是赫尔墨斯造箭的地方。它很美丽,很宁静,也很雄壮,但却是一座火山。

公元 79 年 8 月 24 日,这座名为维苏威的火山终于爆发了。从清晨开始,一团团的乌云将天空全部遮掩,炽热的岩浆从火山口喷出,开始四处奔流,火山灰也弥漫开来。在庞贝城,老人们都在膜拜上苍,恳请上帝收回成命,让火山恢复以往的安宁;中年人都在诅咒着这让他们足以背井离乡的灾难;年轻人却都好奇地看着这从来没有遇到过的自然奇观。

庞贝城的末日

但火山灰倾盆大雨似的不停地落下来,很快就淹过了人们的膝盖,人们只好躲到屋子里。没想到地震又发生了,建筑物摇摇欲坠,人们又不得不回到大街上。

当天下午,城里的一部分居民感到火山喷发和地震不会停止,就早早去避难了。可是,火山的喷出物渐渐在火山上方形成了厚厚的云层,将周围笼罩在一片黑暗中。空气中的火山灰呛得人喘不过气来,不断降落的浮石和火山砾越积越多,堵住了道路,使通行非常困难。这些人也许逃往了现在的摩雷吉内的残留建筑或波塔罗地区的港口,但他们肯定发现想从海路逃跑已经不可能了。另外还有人逃向诺切拉方向。留在城里的人或被堆积的浮石堵住门窗不能动弹,逐渐窒息而死,或强行逃跑而丢掉性命,也有人被倒塌的建筑物压死。此外,有人逃到没有浮石进入的屋子,想再从那里出去;有人逃到楼房最高层,最终被关在了里面。

一直到傍晚，火山灰还仍然落个不停，房屋被覆盖了，剧院和高大的公共建筑也相继被吞没了。最后除了一片灰的旷野以外，什么也没有了。

对庞贝末日最翔实的记录来自罗马学者小普林尼。在一封给罗马历史学家塔西图的信中，他写下了自己的所见所闻："一朵形状像松树似的黑云出现在火山口，过了一段时间，这朵黑云沿着山坡滚下来，将周围的一切都覆盖了，包括附近的海面。"

小普林尼看到的黑云是火山喷发出来的炽热气体、灰尘和石块。小普林尼报道说，在火山喷发时，地面不断地颤动，后来地震非常强烈。他写道，灰尘如同厚厚的板块一样落下来，村子里的人们被迫撤离。海面突然退回去了，然后又被一阵地震逼了回来。今天的地质学家将最后的这个现象称为海啸。他还说，太阳被灰尘遮掩，白天如同黑夜。

与我们常见的火山不同，地球上还存在着泥火山。德国地理学家洪堡最早发现并首先对泥火山进行了科学的观察和研究。之所以叫泥火山，不仅它形状像火山，而且具有喷出口，偶尔还会有喷发冒火的现象，形成美丽的火山霞景观。

泥火山的喷泥口，通常很浅，有的可能会间歇性地喷发，所喷出的泥浆不断重塑其堆积的锥体，最后形成新的地形地貌，并对周边地理环境进行重建和改造。

泥火山的形成有的与温泉有关，其原因是温泉中大量的气体掺杂着少量的水，不停地与周围岩石发生化学反应，形成沸腾的泥浆并喷涌而出。温泉形成的泥火山还有两种形态，一种被称为粥锅，是沸腾的泥浆盆地侵蚀周围岩块，其泥浆颜色单一，如同一盆沸腾的粥。另一种则叫颜料锅，是泥浆盆地被周围岩石的矿物染成褐、黄、绿或蓝色，使其色彩斑斓，就像搅拌后的五彩缤纷的颜料锅。

除了温泉原因，还有一些泥火山是非岩浆造成的泥火山。其原因是地下的甲烷以及其他碳氢化合物气体与泥浆混合，在压应力作用下，向上冲出地表，形成锥形的泥火山。

泥火山作为火山的一个类型，分布十分广泛，成为自然风光中一道不可或缺的美丽景观。

妖孽说否定了张衡发明的地动仪

地震又称地动,是地壳快速释放能量过程中造成的振动,其间会产生地震波的一种自然现象。

提起张衡,我们自然而然地想到了中国古代测试地震的地动仪,这位伟大的天文学家于公元78年出生在中国南阳西鄂。张衡从小就对天文学很感兴趣,长大后,他不仅在中国天文学发展方面作出了卓越的贡献,在数学、绘画、地理和文学等方面也取得了令人瞩目的成就。

张衡在17岁时离开家乡,先后到长安和洛阳求学。这两个城市是当时中国最繁华的城市,城里的王公贵族和太监们过的是骄奢淫逸的生活。张衡对这些现象非常看不惯,就写了《西京赋》和《东京赋》来进行讽刺。

有一天,皇帝召见张衡,他慌忙跟着太监去了皇宫,路上问太监皇上为什么急着召见他,太监笑而不答,这让张衡心里有些不安。到了皇宫之后,皇帝正在与群臣商议事情,见张衡来了,皇帝就说:"来得正好,我们正在商讨一个问题,你也发表一下意见。"接着就有人告诉张衡,说他们讨论的问题是"天下人最恨哪类人"。

张衡听到了这个问题之后,第一反应就是天下人最恨皇帝身边的太监。这些人根本就不在乎百姓的死活,只管自己吃、喝、玩、乐。更有甚者,某些太监还仗势欺人,百姓自然最恨这样的人了。但张衡对当前的政治形势早已了然于胸,所以并未直言指责那些太监,如果他如实回答,肯定会被暗杀。于是,他用眼角的余光扫视了一下四周,发现旁边太监也纷纷向他使眼色,便顾左右而言他,用"人自然是怕鬼"的话敷衍了事。

尽管张衡躲过了这一劫,但他还是得罪了太监,这些人时时阻挠他的科学研究。那个时候,中国经常发生地震,皇帝和百姓们都把这种现象看做是不吉利的征兆。张衡对记录下来的地震现象经过细心的考察和试验,发明了一个测报地震的仪器,取名为"候风地动仪"。

据《后汉书·张衡传》记载,候风地动仪"以精铜铸成,圆径八尺","形似酒樽",上有隆起的圆盖,仪器的外表刻有篆文以及山、龟、鸟、兽等图形。仪器的内部中央有一根铜质"都柱",柱旁有八条通道,称为"八道",并且设有巧妙的机关。樽体外部周围有 8 个龙头,按东、南、西、北、东南、东北、西南、西北 8 个方向布列。龙头和内部通道中的发动机关相连,每个龙头嘴里都衔有一个铜球。对着龙头,8 个蟾蜍蹲在地上,个个昂头张嘴,准备承接铜球。当某个地方发生地震时,樽体随之运动,触动机关,使发生地震方向的龙头张开嘴,吐出铜球,落到铜蟾蜍的嘴里,发生很大的声响。这时,人们就可以知道地震发生的方位。

公元 138 年 2 月的一天,候风地动仪正对西方的龙嘴突然张开来,吐出了铜球。可是,这一天洛阳一点也没有地震的迹象,更没听说附近有地方发生了地震。因此,人们议论纷纷,都说张衡发明的地动仪是骗人的。过了几天,有人骑快马来向朝廷报告,说距离洛阳 1 000 多里的陇西一带发生了大地震。直到这时,人们才开始信服地动仪的准确性。

候风地动仪复原图

然而,张衡花了大半生的时间研制出来的候风地动仪,不仅没有得到皇帝的重视,还被认为是邪教头子制造出来的"妖物",这一切都源于太监们的从中作梗。他们怕张衡在皇帝面前揭他们的短,就向皇帝讲了许多张衡的坏话。最后,张衡被调出京城,到地方为官去了。

张衡经过长年研究,在阳嘉元年(公元 132 年)发明了候风地动仪,这是世界上第一架地动仪。但地动仪的内部结构至今还是一个谜,根据前人的猜测,大多认为其内部都柱的工作原理应该与近代地震仪中的倒立式震摆工作原理相似。但也有人对倒立摆结构提出过异议,认为都柱应该是地动仪中不动的支撑件。"都"是集合的意思,说明都柱不是孤柱,应该还附带八套指向不同方向的机关。

显然,张衡发明的地动仪,应该具有一般测量仪器具有的性能,即灵敏度和稳定性。这两个特性是相互矛盾的统一体。作为检测地震的仪器,地动仪应该具有很高的灵敏度,只有如此,才能实时检测到发生的地震,但较高的灵敏度,势必会造成稳定性的不足。如何在二者之间达到最佳平衡,至今还是一个令人充满好奇和猜想的课题。

小知识

　　朱思本(公元 1273 年～公元 1333 年),中国元代地理学家、地图学家。他历时 10 年绘制而成的《舆地图》是中国制图史上的杰作。

周武王治天下选择适应论

适应论的主要观点,就是要求人类应该侧重关注人和地理环境相互作用的适应关系,而不是把重点放在人和环境彼此控制的问题上。

周武王立像

经过惨烈的战争,周武王姬发战胜了商纣王。他的弟弟姬旦十分高兴,开始筹备庆功宴。然而姬发却没有弟弟姬旦那么兴奋,他变得异常忧虑,每天晚上都辗转难眠。此时,他所面对的是一个历经战争疮痍的国家,局面十分复杂:国家内部有数量众多的殷商遗民,而领土四周则遍布着不同的少数民族,对刚刚建立的周王朝虎视眈眈、蠢蠢欲动。东面是夷族部落,南边是楚人的地盘,最要命的是犬戎,他们的大本营距离镐京不远,能够直接威胁周朝的国都。

一天,姬旦去看望哥哥姬发,姬发便将自己难以入睡的事情告诉了弟弟。姬旦对哥哥的行为十分不解,问道:"天下即将成为您的天下了,您还有什么好忧虑的呢?"姬发说:"我们虽然打败了商纣王,但还有一件事一直困扰着我。"姬旦关切地问:"什么事?"姬发说:"就是商朝灭亡这件事。"姬旦说:"商朝灭亡是他们应得的结果,也是我们的将士用流血牺牲换来的,有什么想不通的呢?"

姬发想了想说:"商朝之所以能够统治天下几百年是因为上天在帮助他们,然而,我们周人却推翻了商朝,这说明上天已经抛弃了商朝,我们周人开始得到上天的眷顾。但是,周人建立了周朝之后,谁能保证上天不会像抛弃商朝一样抛弃周朝呢?我就是在考虑应该怎么做才不会被上天所抛弃。"

姬旦回去后,便开始和他的谋士讨论这个严峻的问题,经过几天的商讨,他为哥哥姬发提了两条建议:一是要建立强大的军事力量,让那些殷商残余势力望而生畏;二是采取分封制的办法,把镐京和洛邑周围肥沃的土地划给天子直接管理,而后把王朝直辖土地之外的领土再分给王室成员、功臣以及古代帝王的后裔,让他们在地方做"诸侯",分区管理,辅佐周王。被封的"诸侯"在"封国"内也可以继续分封,并且下级对上级要承担缴纳贡物、军事保卫、服从命令等义务。通过这种逐级分封,就结成了一个像金字塔一样的构造,不仅便于天子的指挥,还能体现出统治的优越性。

姬发十分肯定弟弟姬旦的建议,他在建立了周朝之后就开始广泛地推行分封制,不仅巩固了周朝的统治,还有效地统治了西周境内"王"直辖区域以外的广大地区。

周武王广泛地推行分封制来治理天下,选择的是对环境的"适应论"。"适应论"的思想和实践案例,在古代很多典籍著作中都能够找到,但是直到20世纪30年代,才由英国地理学家罗士培教授提出来,成为一种理论。

适应论的主要观点,就是要求人类要注意调节自身与其生存的自然环境的关系。认为人类应该侧重关注人和地理环境相互作用的适应关系,而不是把重点放在人和环境的彼此控制问题上。在内涵上,适应论不仅用来阐述自然环境对人类活动的"控制",也包括了人类对环境的作用和利用环境的各种可能性。

第二次世界大战以后,人们又提出了协调论。协调论认为,不仅要使人类的活动更能顺应环境的发展变化规律,更能充分合理地利用环境,而且要对已经被人类活动和自然灾害破坏的环境进行修复,对人类和自然环境不协调的关系要进行全面调整。

"协调论"和"适应论"有着本质的区别。"适应论"强调人类被动适应环境,反映的是人类对自然环境的无奈和消极的适应;"协调论"则重点强调人类和自然环境的关系,是主动地对环境的适应,并对生存环境产生积极的作用。

人类与环境是对立统一的关系,环境是作为人类的对立面而存在的,并按照自身的规律发生和发展着。同时,人类与周围的环境又是互相作用、彼此制约并相互转化的。人类必须与环境协调发展,解决好人类生存发展同环境对立的矛盾,促使人类与环境的协调统一。

小知识

柯本(公元1846年~公元1940年),德国气象学家和植物地理学家。他在1876年研究北半球降雨的几率,绘制低气压系统综合路径图。1879年提出"风速日变化理论"。1880年提出低气压系统大致按盛行风方向前进的论点。1900年提出了较完整而简要的气候分类法,称为"柯本气候分类",并被广泛采用。1906年首先创用"高空学"这一学术名词。1914年发现大型天气现象有11年的周期存在。著有《气候学》(第一卷)、《普通气候学》、《地质时代的气候》(与A.L.魏格纳合著)、《气候学手册》(五卷)(与R.盖格尔合编)等。

孙膑巧用环境决定论

环境决定论,最早由德国地理学家拉采尔所提出,他在 19 世纪末发表的《人类地理学》一书中,提出人和动、植物都是地理环境不断发展的产物,人类的活动、人类的发展以及人类的理想,均会受到自然界地理环境的严格限制和影响。

战国时,齐国人孙膑和魏国人庞涓都曾经拜鬼谷子为师。然而师出同门的孙膑和庞涓感情却一直都不好。后来,庞涓受到魏王的赏识,做了魏国的大将军,但有了地位的庞涓还是十分妒忌孙膑的才能。于是,他暗中命人捉住了孙膑,并且挖掉了他的膝盖骨,还在他的脸上刺字、涂墨。

孙膑受此酷刑生不如死,庞涓却还假意哭泣,对他异常关心。原来,他是想骗孙膑将《孙子兵法》写下来送给他。直到有一天,好心人告诉了孙膑事情的真相,他才如梦初醒。经过苦思冥想之后,孙膑终于想到了一个办法——装疯。狡猾的庞涓一开始怀疑他是装疯,就让人把他抬到猪圈里去。谁知孙膑一进猪圈,就抓吃猪食,并且披头散发,傻笑不止。一连好些天都是如此,庞涓这才认为他是真疯了,便放松了警惕。就这样,孙膑通过装疯保住了性命,并逃到了齐国。

公元前 354 年,庞涓指挥大军包围了赵国的都城邯郸。第二年,赵国向齐国求援。齐王任命田忌为将,孙膑为军师,率军 8 万前往救援。田忌本来打算带领军队直接去赵国与魏军作战,但孙膑认为魏国的精兵都在攻打赵国,国内空虚,如果直接进攻魏国的话,魏国军队一定会立刻撤离赵国。最后,田忌采纳了孙膑的计谋,决定率军进攻魏国。庞涓得知消息,急忙丢掉粮草辎重,连夜从赵国撤军回国。

后来,魏国和齐国交战,齐国惨败。在撤退的时候,孙膑对田忌说:"魏国的军队一向英勇善战,他们才不会把我们齐国的军队看在眼里,我们要继续让他们认为我们很弱小,引诱他们上当。"于是,孙膑决定因势利导,在撤退途中,有意造成军力不断削弱的假象。第一天造了 10 万人吃饭的锅灶,第二天减为 5 万人用的锅灶,第三天则只剩下 3 万人用的锅灶了。庞涓看到齐军锅灶日减,以为齐军胆怯,三天中即逃亡了大半,这才壮起胆子,丢下辎重和步兵,只领轻车锐骑日夜兼程猛追,必欲全歼齐军,擒获孙膑。

孙膑在马陵附近设下埋伏,等庞涓到达那里时,齐军万箭齐发,魏军伤亡惨重,庞涓身中 6 箭之后拔剑自刎。魏军是被孙膑运用的假象所迷惑而溃败的,这个故事很好地说明了环境决定人的思维。

关于环境决定论,最早由德国地理学家拉采尔提出,他在 19 世纪末发表了《人类地理学》一书,提出人和动、植物都是地理环境不断发展的产物,人类的活动、人类的发展以及人类的理想,均会受到自然界地理环境的严格限制和影响。

马陵之战

其实,早在古希腊时期,思想家们就已经开始注意到人与自然气候之间的关系。包括柏拉图和亚里士多德等众多思想家都认为,气候决定了人的性格和智慧。到了 18 世纪,法国启蒙思想家孟德斯鸠在他的著作《论法的精神》中,在古希腊思想家们关于人与气候关系的理论基础上,提出了气候的威力是世界上最高威力的大胆论断,并指出,应该根据气候的变化修改相关法律,以便使法律能够适应气候所带来的人们不同性格对社会和生活的影响。

直到 19 世纪,人们仍然没有认识到人类活动对环境的影响,也没有注意到人类在改变地球面貌方面所起的作用。那时候,人们普遍受到达尔文"进化论"的影响,使得"环境决定论"成为了主流思想。进入 20 世纪,人们才开始逐渐认识到,在人类活动与环境变化的关系中,人类处于主动的地位,是环境变化的直接作用者,直接参与到了环境改造的过程中去。环境与人类,互相制约又互相作用,这也是现代"环保论"产生的根源。

小知识

弗里德里希·拉采尔(公元 1844 年～公元 1904 年),德国地理学家、人类学家,近代人文地理学奠基人之一。他一生致力于研究人类迁移、文化借鉴和人地关系,对人文地理学有系统论述。提出国家有机体说,创用"生存空间"一词,首次说明了文化景观概念。著有《人类地理学》、《人类史》、《政治地理学》、《地球与生命:比较地理学》等。

第三篇

异象纷呈

——地理学的学科分类及流派

法显取经为地理学发展增光添色

　　地理学按照发展阶段,分为古代地理学、近代地理学和现代地理学3个时期。从远古到18世纪末,是古代地理学时期;从19世纪初到20世纪50年代,历史上属于近代地理学时期;从20世纪60年代至今是现代地理学时期。

　　出生在东晋时期的法显,是中国佛教史上一位有名的僧人,他曾经一度到海外取经求法,革新中国佛教,成为了中国历史上杰出的旅行家和翻译家。

　　法显不仅在佛学上有很高的造诣,而且还是一个性情淳厚的人。有一年秋天,他和寺院里其他的僧人正在收割水稻,突然有一群饥民前来抢夺稻谷。其他的僧人都吓跑了,只有法显独自留下。

　　他对饥民说:"你们需要稻谷,可以随意来取。你们过去从来不布施别人,才会有今天的贫穷与饥饿。现在又来抢夺别人的稻谷,来世会更加不堪设想,贫僧实在为你们担忧啊!"饥民们听后放下稻谷就想走,法显还是让他们拿了一些。寺院里其他的僧人都为此叹服不已。

　　从那以后,法显在寺院里成为了深受大家尊重的大师。东晋隆安三年(公元399年),已经年近古稀的法显深切地体悟到,中国现有的佛经已远远满足不了佛教发展的需要,于是他下定决心要到海外去取经求法。

　　这年的春天,法显从长安出发,向西方天竺(现在的印度)行进,开始了漫长而又艰苦的旅行。虽然没有神话故事中唐僧遭遇的九九八十一难,但是法显一路上也是历经千辛万苦,最后在东晋义熙七年(公元411年)完成了这个光荣而又艰巨的使命,他带着从天竺取来的经法,坐上商人的船舶,踏上了回家的路。

　　地理学按照发展阶段,分为古代地理学、近代地理学和现代地理学3个时期。

　　古代地理学时期,是从远古到18世纪末,这一段主要记录的是一些简单的地理知识,比如中国的《尚书·禹贡》、《管子·地员》、《山海经》、《水经注》等。但是由于受当时的条件限制,在各个国家内部,地理学并没有一个统一的划分,以至于他们的记载多是片段性的,缺乏一个完整的理论体系。

　　从19世纪初到20世纪50年代,历史上属于近代地理学时期,在这个历史时期,曾出现过几位著名的探险家,比如哥伦布、达·伽马、麦哲伦等。

　　哥伦布在1492~1502年间4次横渡大西洋,发现了美洲大陆;达·伽马于

1497 年从里斯本出发,经好望角到莫桑比克,然后到达印度西南部重镇卡利库特,并满载交换来的宝石、香料而归;而麦哲伦在率领船员航海的过程中,证明了地球是圆的……

这几位探险家的行为很大程度上促进了地理学的发展。与此同时,其他国家也相继有地理方面的书籍问世,比如德国洪堡的《宇宙》和李特尔的《地学通论》等,这些书籍都很详细地记载了从自然地理到人文地理等方面的知识。

除此以外,他们的著作还涉及了气候地理学以及土壤地理学等,较前一个阶段相比,这个阶段对地理学有了一个很系统的划分,对地理学这门学科的理论分析也趋于完整。

从 20 世纪 60 年代至今是现代地理学时期,由于计算机制图、地理信息系统、卫星等高科技的出现以及应用,使得这一时期的地理学被区划为高科技的产物。世界在进步,科学在发展,随着高科技的应用,今后的地理学将以更加科学严谨的姿态服务于社会的各个方面。

小知识

阿尔夫雷德·赫特纳(公元 1859 年～公元 1941 年),德国地理学家,近代地理学区域学派奠基人。著有《地理学:它的历史、性质和方法》、《区域地理学基础》等。

中国方志在地理学上的地位

　　地方志又被称为方志。方志对当时的风俗、物产、舆地以及故事传说等都有很全面的记录，并且还根据地理、沿革、风俗、教育、物产、人物、名胜、古迹以及诗文、著作等做了很仔细的分类。

　　方苞于康熙三十八年(公元 1699 年)出生在安徽桐城，从小喜欢读书的他一心想得到皇帝的重用，希望谋个一官半职为一方百姓造福。可惜，他在康熙五十年(公元 1711 年)的时候因受到戴名世《南山集》案的牵连，而被判刑两年。从监狱中出来之后，方苞便流落到民间，后来改名易姓，叫欧阳宏。

康熙皇帝南巡图

　　有一天，欧阳宏在骆马湖镇上的茶馆里结识了一个老者，两人相谈甚欢，大有相见恨晚之意。后来，这位老者将欧阳宏带到他的驿馆里喝酒聊天，两人聊到"东宫洗马"的笑话时，都各自发表了非同寻常的看法。方苞看出眼前这个见多识广、学识渊博的老者不是平凡人，便再一次仔细观察了一下这位老者，发现老者眉宇间散发出不平凡的气息，肯定不是普通人。但当时的欧阳宏怎么也没有想到这个人就是当今圣上——自己多年前就想为其效力的康熙皇帝。

　　康熙自然也很欣赏欧阳宏的学识，他看出眼前的这个中年人聪明过人，如果再聊下去的话，可能就会暴露了自己的身份。于是他连忙叫来张廷玉，岔开了"东宫洗马"的话题。康熙在接下来的谈话中着重考察了欧阳宏的学问，发现这个人才思敏捷、学识渊博，对事物总有自己独到的见解。不由得在心里暗暗称赞道："这个人真是个人才，如果将他和高士奇相比较的话，有过之而无不及，看来我要考虑任用他了。"

　　康熙回到皇宫之后，吩咐大臣去调查欧阳宏的底细，竟然发现他是戴名世《南山集》案的牵连者。幸而，康熙并没有因为这个案件而改变对欧阳宏的看法，他依然将欧阳宏召到了皇宫中。欧阳宏看到眼前的天子之后不禁大惊失色，连忙跪下说:"草民有眼不识泰山,竟然在皇上面前失礼。"康熙笑道:"不知者无罪,朕赏识你的学识,决定将你召入上书房,你可愿意?"欧阳宏有点受宠若惊,他跪在地上大呼道:"谢主隆恩,能够为皇上效力是草民三生修来的福气。"

从此,欧阳宏便成为唯一一个以平民身份进入上书房的人,大臣们多以宰相的身份对待他。进入上书房的欧阳宏致力于编辑各种书籍,这些书籍经后人汇编成为《方望溪先生全集》,其中包括很多地理学上的知识,为地理学作出了杰出的贡献。

地方志又被称为方志,方志的起源有两种说法,一种是从史记中剥离开来,另一种说法是从古代地理学中传继下来的。方志对当时的风俗、物产、舆地以及故事传说等都有很全面的记录,并且还根据地理、沿革、风俗、教育、物产、人物、名胜、古迹以及诗文、著作等做了很仔细的分类。

方志的发展分为地记阶段、图经阶段和方志等三个阶段。在历史上,从东汉至南北朝,这一时期被划为地记阶段,它所记录的主要是当时的一些风土人情,而且叙述也比较简单,代表作有东晋常璩的《华阳国志》等。

到了隋、唐至北宋时期,方志的记录形式就很完整了,不仅把记录做了体系和类别的划分,而且还根据官署、河流、驿道、学校、寺庙、古迹、歌谣等具体的项目做了插图。以图配字,可以更加详细和形象地说明当时的风土与人文。在南宋王应麟所作的《玉海》中,就配了很精细的插图,这样的作品还有《沙州图经》、《西川图经》等。

到了南宋时期,方志的格局就已经非常成熟了,这个时期也是地理人文发展最鼎盛的时期,所以同时也促进了方志的发展。一时间也涌现了许多非常有代表性的方志作品,比如《太平寰宇记》、《元丰九域志》,以及被称为"临安三志"的《乾道临安志》、《淳祐临安志》、《咸淳临安志》等。

方志的类型是很全面的,它涵盖了天文、地理、历史古迹、江河湖泊、游览路桥以及政治、经济等方面,具有资治、教化、存史等三大功能。由于它的这些特征,使得方志成为参考历史的重要依据,时至如今,各地依然有组织地在撰写方志。

小知识

王士性(公元1547年~公元1598年),中国明代人文地理学家,被誉为"中国人文地理学的开山鼻祖"。著有《五岳游草》(12卷)、《广游志》(2卷)、《广志绎》(5卷)及《玉岘集》等。其中《广志绎》凡山川险易、民风物产之类,巨细兼载,眼光独到,是一部很有价值的人文地理学著作。

追赶太阳的梦想

地理学因为其丰富的思想内涵而成为连接自然科学与社会科学之间的桥梁，从上古时期的一些史诗、哲学、历史丛书中，人们逐渐发现了地理方面的知识，进而把它们从这些资料里面拣选出来，成为一门新的学科。

"夸父追日"是《山海经》中经典的神话故事，殊不知，"夸父追日"跟地理学思想史也有着密切的关联。

相传在很久以前，中国北方有一座巍峨高峻的大山，山林的深处生活着一群力大无比的巨人。这些巨人的首领名叫"夸父"，是幽冥之神"后土"的孙子，"信"的儿子。因为首领叫夸父，所以这群人就被称做"夸父族"。这一族人的特点是个个身材高大、力大无比，耳朵上喜欢戴着两条黄色的蛇为耳饰，乍看起来很可怕，其实夸父族的人性情都很温柔善良，与人为善，勤于劳动，族民素质极高。

但是，他们生活的地理环境并不是很优越，地处极北，天气寒冷，山上的雪刚要被融化，太阳就已经向西方落下去了，人们总是生活在寒冷之中。因为太阳光很少，能种的东西也不多，即使辛辛苦苦地劳作，粮食总是不够吃，好在大家一直齐心协力，彼此照顾，所以总能渡过难关。但长期的贫困生活导致了夸父一族的人十分渴望温暖舒适的自然环境，该如何才能改变自己的境况呢？夸父做了一个勇敢的决定，他对族人们说："太阳很少眷顾我们，我要追上它将其制服。"众人听了都很意外，他们劝夸父说："还是不要去了，太阳那么远，怎么能追得上呢？即便是追上了，太阳那么热，也没办法制服它呀！"可是夸父下定了决心要去，谁也拦不住，大家只得将他送到山口，为他祈祷一路平安。

夸父向着太阳升起的地方——东海行进，他勇敢地向前奔跑着。太阳在空中移动，夸父在地上飞快地追赶，他越过一座座大山，跨过一条条河流，不管多么疲惫他都没有停止过。有时候，实在是跑不动了，夸父就躺在地上微微打一个盹，醒来的时候，他抖落掉鞋里的土，形成了许多土山。饿极了的时候，夸父就用三块石头支起一个锅架来煮饭，于是就形成了三座鼎足而立的高峰。

夸父距离太阳越来越近了，他不断地鼓舞自己说："很快就到了，再坚持一下……"可是距离太阳越近，夸父就越渴。经过艰辛的跋涉，夸父终于在黄昏的时候追上了太阳。当他亲眼见到那一轮火焰燃烧又红又大的火球在自己面前的时候,激动万分,立刻伸手向太阳抓去,可是双手刚一伸入太阳的光轮,一股炽热之气便顺着臂膀袭向了夸父的全身。他顿时觉得口渴难耐,这才想起自己已经一天都没喝水了,于是,连忙将太阳抱住,向距离此处最近的黄河与渭河跑去。但太阳的热度将两条河的水蒸发了大半,夸父饮下那一小部分的河水根本不足以解渴,太阳的热度又在蒸烤着他,怎么办呢? 热晕的夸父隐约记起在北方有大泽,名叫瀚海,纵横有几千里,里面的水应该足够自己饮用,想到这儿,他立刻向北方跑去。这一路上他只觉得自己的身体越来越烫,周围的景物也越来越模糊,意识似乎已经不在了一般,最后定格在眼前的画面是:自己的家乡红日照耀,温暖的阳光洒遍整个山脉,族人们欢欣雀跃,麦苗在风中轻轻摇摆……

"砰"的一声,夸父的身体像一座高山般倒下去了,这个有着美好理想的逐日者因为受不了烈日的炎热,而被活活地渴死了。临死之前,他牵挂着自己的族人,于是将自己手中的木杖扔了出去,木杖刚一落地,便入土化作了一片枝繁叶茂的桃林。

地理学的发展起初并不是一帆风顺的,在公元 5 世纪～15 世纪,由于受宗教垄断势力的扼制,欧洲地理学的发展举步维艰,只有当时的中国,在地理学方面有了长足的发展,无论是从地理志还是从地图、理论等角度来说,都具备了很高水平。

地理学真正面向全球发展,是在 15 世纪～17 世纪之间,尤其是到了 19 世纪后期,更科学缜密的思想不断涌现,使地理学走向近代时期,地理学又被做了更细致的划分。在这个时期,有很多地理学家终其一生为地理学收集了很多宝贵的资料,付出了艰辛的努力。在对地理学核心和基础探索中,出现了许多不同的意见和辩论,进而使这一领域的思想极为活跃。

在地理学思想历史中,有几部最有力度的代表作,分别是詹姆斯的《地理学思想史》,赫特纳的《地理学:它的历史、性质和方法》,哈特向的《地理学的性质》和《地理学性质的透视》以及哈维的《地理学解释》等,这些著作都详细地记载了地理学的形成和发展。

小知识

哈特向(公元 1899 年～公元 1992 年),美国地理学家。他对地理学的基本理论问题研究有重大贡献,继承了传统地理学的区域观点,总结了德国赫特纳及美国索尔的理论,成为区域地理学理论的继承者。其代表性著作是《地理学的性质》和《地理学性质的透视》。

郦道元为《水经》作注

在早期的部分书籍里,有关地理方面的记录是轻描淡写的,即便是僧人带回来大量完整的数据,但是受当时教会和《圣经》的制约,地理知识只被作为风土人情穿插在书里,由此可见,当时地理学水平的低下和不被重视。

1 500 年前,在中国山西省大同市的一座山上,曾经出现过十分壮观的景象。那是一个平凡的日子,人们像往常一样到田里去劳作,这时候出现在眼前的景象着实将人们吓了一跳:山顶上喷出了高达数百米的岩浆,瞬间晴朗的天空变了颜色,岩浆所到之处一切都化为了灰烬……这就是中国最早记载的火山喷发的景象,记录者就是著名的地理学家郦道元。

郦道元于公元 4 世纪出生在范阳郡涿鹿,他和父亲都曾经做过北魏时期的地方官员。郦道元不仅在研究地理学上有很高的造诣,而且在官场上也很清廉、不畏权贵。

他中年的时候曾经被任命为山东青州的刺史,上任的时候发现,这个地方的治安非常差,盗贼充斥街道,百姓生活困苦。因此,他打算对其进行严加整治,并发展当地的文化教育事业。

郦道元刚上任没多久,就遇上了一个棘手的案子。某天,有位老人在衙门门口击鼓鸣冤,郦道元便派人将他请到衙门里。

郦道元询问道:"老人家,您为何击鼓?有什么冤情吗?"老人"扑通"一声跪在地上,一边哭着一边说:"大人,您一定要为小人主持公道啊!小人年过 40 才得一小女,自然宠爱有加,小女虽然算不上是国色天香,但长得也算标致。没想到恶霸蒋虎看上了我家姑娘,非要将她带走。今天一早他又派人来我家送聘礼,说再不交出女儿就要杀了我的妻子、烧了我的房子。大人,您一定要为小人做主啊!"说到这里,老人已经泣不成声了。

郦道元让人给老人搬来了椅子,然后告诉老人说:"老人家请放心,我一定彻查此事,秉公处理。"老人家连声道谢。送走了老人之后,郦道元立刻派人调查蒋虎的底细和他做过的坏事,这一查还真查出了大事。

派去的人回来告诉郦道元说:"蒋虎是人尽皆知的恶霸,他平日游手好闲,靠着做生意的父亲资助。而且听说他还很有来头,在京都有一个做大官的舅舅给他撑腰,所以很多地方官都不敢招惹他。"

郦道元笑着说:"我管他什么大官不大官的,只要在我的管辖范围内犯了法,我就要制裁他。你不用管这么多,继续查!"

《水经注》

后来查出来的事情更加让人触目惊心,这个蒋虎并不是头一次犯这样的罪。在不久前,他看上了一户人家的女儿,那户人家的父亲宁死不同意将女儿嫁给他。没想到女孩子的父亲却莫名其妙地死了,虽然大家都心知肚明是蒋虎干的,可是他买通了前任的官吏,并没有受到处罚。

郦道元知道了这件事情之后十分生气,决定将蒋虎绳之以法。于是,他立即叫人逮捕了蒋虎,蒋虎还以为他的舅舅能够救他,可是还没等到他的舅舅出面他就已经被执行了死刑。

郦道元所著的《水经注》,全面而系统地介绍了水道所流经地区的自然地理和经济地理诸方面内容,是一部历史、地理、文学价值都很高的综合性地理著作。全书30多万字,详细介绍了中国境内1 000多条河流,以及与这些河流相关的郡县、城市、物产、风俗、传说、历史等。

《水经注》集中反映了中国古代地理学的繁荣,这与欧洲中世纪时期地理学的曲折发展,形成了鲜明的对比。

随着罗马教会和希腊教会的分裂,二者之间的文化也同时分裂开来,这样就使得一些僧侣跋山涉水,远渡重洋去学习外面的知识。当时罗马基督教曾越过地中海区域进入欧洲的北部诸地,这些朝圣者的脚步遍布了整个西欧,带回来大量的旅行报告。

在早期的部分书籍里,有关地理方面的记录是轻描淡写的,即便是僧人带回来大量完整的数据,但是受当时教会和《圣经》的制约,地理知识只被作为风土人情穿插在书里,由此可见当时地理学水平的低下和不被重视。

除了僧人以外,还有一些探险家也为地理学作出了杰出的贡献,10世纪曾出现过马苏第、伊本·胡、卡勒和穆卡达西等人,14世纪曾出现过伊本·拔图塔等人。

就拿拔图塔来说,他的故乡是丹吉尔,从故乡出发,然后经北非洲到麦加,接下来漫游叙利亚、波斯、美索不达米亚等地方,此次航行历时24年,最后由喀山、经锡兰岛和东印度群岛到达中国,并于1349年返回故乡。他游历最大的发现是:大地是圆的。

那时候,很多新知识是很难被人接受的,尤其是大地是圆的一说,就遭到了教会强烈反对,他们无论如何也不会认可大地的另一面还有人类居住。而要想证明这些新发现,则必须找出科学的依据,按照亚里士多德的"原素论"所讲,水是环绕地球流淌的,因此证明一面是崛起的,而不是如教会所说大地是平的,这样的意见在很久以后终于得到了认可。

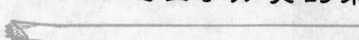

地理学分类的第一人

地理学第一次分类,被分为普通地理学和特殊地理学。前者主要是描述地球的情况,解释以及分析一些自然现象的性质;而后者则具体描述了各个国家的位置,以及它们的地理结构、火山、岩浆、矿石的分布与形成的要素。

瓦伦纽斯是德国著名的地理学家,他于1622年出生在汉堡附近的小镇希兹阿克。早年时期的瓦伦纽斯致力于学习哲学、数学、物理学和医学。后来,他对地理学产生了极大的兴趣,开始研究地理学,并且取得了令人瞩目的成绩。

瓦伦纽斯是对地理学进行分类的第一人,他将地理学分为普通地理学和特殊地理学,他的很多学术著作和理论都对世界地理学的发展产生了重大的影响。

瓦伦纽斯的成就不仅源于自己的努力,还得益于大学时期一位老师的教诲。他在大学的时候并不是一个按部就班上课的学生,专业成绩并不好,于是他便一步步堕落了,开始逃课、抽烟、喝酒、赌博,反正学校里不该学的东西他全都学会了,而学校里应该学的东西他一点都没有学会。

尽管瓦伦纽斯天天逃课,但是有一位老师的课他从来都不缺席,不知道是因为这位老师讲课风趣幽默,还是因为这位老师的学术思想非常合他的胃口,反正这位老师的课是他唯一合格的课程。

那位老师也很欣赏瓦伦纽斯,经常会问他一些问题,也会让瓦伦纽斯大胆提出自己的疑问。有一次,瓦伦纽斯问了这位老师一个问题:"老师,别人都说现在的大学生比马铃薯还便宜,对吗?"老师笑了笑,并没有当面回答这个问题。

过了几天,老师请瓦伦纽斯到家里吃饭。两人聊着聊着就说起了马铃薯,于是老师走进厨房,拿出一个发青的小马铃薯说:"看见了吗?这个马铃薯已经长成畸形了,又那么小,所以它不值钱。"随后,老师又拿出来一个大马铃薯,说:"这个马铃薯就很受欢迎。"

老师放下马铃薯,对若有所思的瓦伦纽斯说:"记住,马铃薯和马铃薯也是不一样的。"那一天以后,瓦伦纽斯对自己进行了认真的反思,他似乎明白了老师的话。从此,他不再逃课,不再抽烟喝酒,而是开始钻研各种学问,终于成为了一个"值钱的马铃薯"。

瓦伦纽斯把地理学分为两部分:普通(或通论)地理学、特殊(或专门)地理学。

前者主要是描述地球的情况、解释以及分析一些自然现象的性质；而后者则具体描述了各个国家的位置，以及它们的地理结构、火山、岩浆、矿石的分布与形成的要素。

他的《普通地理学》原为拉丁文，后被译成多种欧洲文字，其内容包括四个方面：数理地理、气象学、水文地理和地形。

数理地理方面，按"日心说"论述了地球的分带，并按最长日的日照时间划分气候区，还讲了经纬度的确定方法和地图投影法。

气象学方面，指出由于赤道地带和高纬度地带接受太阳热量不同，极地冷而重的空气必然向赤道流动。这是走向解释世界风系的第一步。认为风是空气的水平运动，由于太阳自东向西移动，风也来自东方。

他还详述了印度洋的季风，指出热带一年分干、湿两季。水文地理方面，认识到墨西哥湾流的存在，地中海水面低于大西洋。主张地中海和红海之间开凿运河。地形方面，认为大山是和地球共生的，小山则由风蚀形成。《普通地理学》影响地理学一个多世纪。

小知识

　　瓦伦纽斯(公元 1622 年～1650 年)，德国地理学家。著有《日本和暹罗王朝记》和《普通地理学》(又译《通论地理》)。

泰勒主张地理学统一性

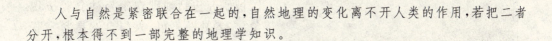

人与自然是紧密联合在一起的,自然地理的变化离不开人类的作用,若把二者分开,根本得不到一部完整的地理学知识。

泰勒于 1880 年出生在英国伦敦,他是澳洲著名的地理学家,同时也是澳洲和加拿大地理学研究的奠基人。他曾经参加过南极考察,致力于研究冰川学、地貌学和人种地理学。在泰勒的学术著作中,他坚持地理学的统一性,强调人类受自然环境的深刻影响。

然而,泰勒在少年的时候并不懂得努力和付出,直到经过一件事情之后,他才一下子改变了。

上中学的时候,泰勒的一位老师将他带到一个地下室里做实验。两人在做实验的时候,老师对泰勒说:"孩子,何不趁年轻埋头苦干,成就一番事业呢?"泰勒不以为然地回答说:"老师,我的人生才刚刚开始,何必那么着急呢?我还没有为我的人生做一个清晰的规划。"老师摇了摇头说:"时间可是不会等人的!"泰勒似乎没有听到老师的话,他还在专心于手中的实验。

这时,老师突然将电灯关掉了,屋里漆黑一片。他点燃了一根火柴,对泰勒说:"趁着现在我手里的火柴还没有熄灭,你赶快在这实验室里选一样东西带出去吧!"透过一丝微弱的光,泰勒看到了老师凝重的表情。他立刻四处寻找,然而还没等找到自己想要拿走的东西时,地下室又恢复了漆黑一片。泰勒抱怨说:"我还没选好东西,就什么也看不到了。"老师说:"你的青春就像这燃烧的火柴一样,转瞬即逝,所以你要好好珍惜!"

听了老师的话,泰勒若有所思。

回到学校后,泰勒就像变成另外一个人似的,他开始珍惜每一个学习的机会,并最终获得了成功。

关于地理学的统一与分裂,一直是争论焦点,很多学者都对此争执不休。德国杰出的科学家洪堡认为,地理学虽然是复杂的,但是复杂中又隐藏着必然的统一性,包括人类也都是自然体不可缺少的一部分,应该把这两者算在一起,进行认真细致的挖掘和研究。虽然他的说法得到了李特尔的认可,但是这样的说法却遭到了地理学领域其他学者们的反对,以佩舍尔为首的人认为,地理学应该针对地球做研究。地球的研究只包括地球表面构造以及内部岩层的变化,并找出它们变化的原因和形成的特征。这样的研究与人类是没有什么关联的,因而不该包括人类。

亚洲古地图

德国地理学家赫特纳也同样倡导地理学的统一性,可是要想达到统一性的话,就离不开人类文化。他认为,区域研究包括地理现象与社会经济现象,二者缺一不可,人与自然是紧密联系在一起的,自然地理的变化离不开人类的作用,若把二者分开,就根本得不到一部完整的地理学知识。

鉴于这样的矛盾,后来就有人提出把地理学分为人文地理和自然地理,还有的人认为应该把地理学分为自然地理学与经济地理学。直到阿努钦所著的《地理学理论问题》一书问世,人们才对地理学有了一个更科学的划分。阿努钦在书中指出,地理学有着与其他学科不同之处,因而不能简单按照地理、人文来划分,人类发展过程中遇到的人口、资源、环境、能源、城市化等问题,都是与自然地理有着密不可分的关联,无论将其划为无人类的自然还是无自然的人类,都是极为幼稚和荒唐的。

小知识

　　阿努钦(公元 1843 年～公元 1923 年),俄国地理学家、人类学家。他坚持统一地理学的观点,认为地理学是关于地球的包罗万象的科学,既研究自然地理、生物地理、人文地理,又研究区域地理。著作有《古代欧俄地形概念的发展》、《伏尔加河上游地区的湖泊及西第维纳河上游》、《日本:地理概论》等。

不做状元郎，回乡画地图

地图就是依据一定的数学法则，使用制图语言，经过制图综合，在一定的载体上，表达地球（或其他天体）上各种事物的空间分布、联系及时间中的发展变化状态的图形。

在明朝有一位著名的地理学家，他出生于官宦家庭，但却没有官场的浮躁之气，一心治学。他在少年时期就聪明好学，勤奋刻苦，为官时依然不忘读书学习，所绘制的地图极大地促进了中国地理学的发展。这个人就是罗洪先。

罗洪先为人十分正直，他从来不会为眼前的利益而动摇自己的原则。

有一次，一个有名的富人听说罗洪先在地理方面很有造诣，于是便托人找到罗洪先，并将他请到了住处，大摆宴席进行款待。

富人在宴席上对罗洪先说："听说您通晓地理，今日将您请到寒舍有一事相求。"

罗洪先客气地说："有什么事您直说无妨。"

富人说："我想要为家族选一块墓地，您通晓地理、风水，希望您能指点一二，当然报酬您也不用担心。"于是，他命令下人拿来了一张银票，数额竟然是1 000两银子。

罗洪先很惊讶，随后镇定地回答说："对不起，我的指点并不值那么多钱，您还是另请高明吧！"说完拂袖而去。

嘉靖八年（公元1529年），罗洪先殿试第一中了状元，任翰林院修撰。这个官职为他遍览天下图籍和掌握国家文献资料提供了方便。当时，明世宗迷信道教，官场更是一塌糊涂。罗洪先看不惯朝廷的腐败，即请告归。嘉靖十八年（公元1539年），他出任廷官，因联名上《东宫朝贺疏》冒犯了世宗皇帝而被撤职。从此罗洪先离开官场，开始了学者的生活。

离开官场后，罗洪先投身于地理学研究中，并亲自外出调查收集资料，以计里画方之法，创立地图符号图例，绘成《广舆图》。为了延续这种历史悠久的绘图法，罗洪先开始改编朱思本图，在改编的过程中，他很多地方都采用了画方之法，将其不断完善和加以发展，使地图更科学实用。不仅如此，他还将7尺的《舆地图》改编成分幅地图集的形式。在中国图籍的历史上，图籍历来以规模庞大为主要特点，但是这种特点明显的弊端就是不容易保存，罗洪先将图籍改编成为了分幅地图，这是中国绘图历史上的一大进步。

地球是一个椭圆形的球体,它的表面分布着高山、峡谷、河流、沼泽、沙漠等,那么如何真实而自然地表述它们呢?科学家们研究出一个比较合适的办法,那就是地理学绘图。

所谓的地图,就是利用制图语言,按照一定的法则,有选择地以二维或多维形式与手段,在平面或球面上表示地球(或其他星球)若干现象的图形或图像,它对每一个要表述的对象都有严格而全面的数学、符号、文字注记等。

最早的地图是苏美人绘制的,距今约 4 700 年。那时制作地图选择的材料多是黏土陶片,人们在陶片上绘制山川、海洋以及自己所居住的城镇,借此以告诉后人,他们对自己所居住的环境已经有了初步的认识。

后来,人们所选择的制图工具就宽泛了很多,比如近代在太平洋附近发现的海岛图,就是用柳条、贝壳编缀的。

托勒密绘制的地图

希腊著名的数学、天文、地图学家托勒密的著作《地理学指南》对古代地图产生了深远的影响,他在书里附带了 27 幅地图,这 27 幅地图采用了新的经纬网,同时创建了两种新的世界地图投影。该图在西方古代地图史上因为具有划时代意义,而一直被沿用到 16 世纪。

中国西晋有个裴秀,也是一位知名的地图学家,他总结了前人的经验,发明了制图六体,即分率、准望、道里、高下、方邪、迂直,前 3 个指的是比例尺、方位和距离,而后 3 个则是比较和校正不同地形引起的距离偏差。他在此基础上又详细考证古今地名、山川形势和疆域沿革,并结合了当时晋朝的"十六州"而分州绘制的大型地图集,绘制了《禹贡地域图》18 篇。

小知识

罗洪先(公元 1504 年~公元 1564 年),中国明代杰出的地理制图学家。他精心绘制的两卷《广舆图》,是中国历史上最早的分省地图集。

李四光创建地质力学学派

地质力学既研究地壳运动产生的各种形变现象的规律,也研究由地壳运动产生的物质的变化规律,以及两者的相互联系。反映地壳运动的一切现象都是它考察研究的对象,包括构造体系的规律、海洋运动的遗迹、岩浆活动的现象、变质岩带的发生和矿产的形成等。

提起李四光,我们自然而然地就会想到中国的地质学,可以说李四光是中国地质学的鼻祖。1889 年出生于湖北黄冈县的李四光是家里的第二个儿子,父亲因此给他起名叫李仲揆,后来在上学的时候他才给自己改了名字叫李四光。

李四光小时候十分聪慧好学,他善于接受新事物,学习新知识。14 岁时他就拥有了和同龄人不一样的抱负,他想要学习从西方兴起的新知识,如地理学、生物学等,而不想成为“四书五经”的奴隶。

不久,李四光以十分优异的成绩考取了南路高等小学堂。在学校里,他努力学习新的知识,就像一个急需知识来喂养的婴儿一样。在以优秀的成绩毕业之后,李四光先是被派到日本学习造船,后来又被派到英国学习地质学。学成后,国外的科研所都给了他优厚的待遇,但是李四光没有任何留恋,毅然回到了祖国。他一心想要发展中国的地质学,好尽快赶上西方国家发展的步伐。

李四光故居

回国之后的李四光一心一意从事科学研究,他每天都要工作到深夜才骑着自行车回家。当很繁忙的时候,他甚至连回家吃饭都忘记了。有一次,他的妻子见他还不回家吃饭,就吩咐女儿去叫他。这时候,他正在写一篇学术论文,写得入神竟然忘记了时间,也忘记了饥饿。

女儿在他的身边站了好久,他都没有注意到。只是偶尔抬头看了她一眼,又低下头继续写,并不理会女儿。女儿也不敢作声,李四光见她还不走,就问:“你是谁家的孩子,快回家吧!不然妈妈等你会着急的。”原来李四光太入神了,竟然没有认出这是自己的女儿,女儿生气地说:"爸爸,妈妈不是等我等着急,是等你等着急了呀!"李四光这才注意到原来眼前站着的是自己的女儿,他连忙微笑着说:"我这就回家,很快就写完了。"

晚年的李四光因常年的劳累而得了疾病,但他依然关注着地震研究。他经常分析大量的数据,还坚持自己去实地进行考察。就在他离开人世的前一天,他还恳求医生说:"能不能再给我半年时间,半年之后地震预报的探索工作就会有结果了。"

地质力学是运用力学原理研究地壳构造和地壳运动规律及其起因的学科。反映地壳运动的一切现象都是它考察研究的对象,包括构造体系的规律、海洋运动的遗迹、岩浆活动的现象、变质岩带的发生和矿产的形成等。

地质力学的研究内容可概括为四个方面:

1. 构造体系的深入调查研究,包括构造体系类型的划分,构造形迹的力学性质的鉴定及其空间排列规律,岩石力学性质及构造应力场的分析,构造运动时期和构造体系形成时期的鉴定,现代地壳运动和活动的地应力的观测,岩石内流体运动和构造形式对油、气的动态与油气集中的控制作用,各级构造体系对矿产分布规律的控制作用,构造应力场与地球化学场及地球物理场的联系。

2. 全球大地构造体系的特点和分布规律,以及与各种构造体系同时发生的沉积岩建造、岩浆岩建造、变质岩建造和矿产资源的生成联系。

3. 古生代以来全球大陆运动和海洋运动问题。首先着眼于中国及邻区石炭-二迭纪大陆运动与海水进退规程。

4. 地壳运动问题。包括:区域性升降运动与水平运动的联系;地球角速度的变化和潮汐作用对于大陆运动和海洋运动的影响;太阳辐射的变化和地壳运动与地球运动对古气候变化的作用等。

地质力学在矿产和水文地质、工程地质勘查、地震地质、地热地质以及地区稳定性研究方面,特别是对中国石油、煤田和若干金属矿产的预测,以及解决重大工程建设和大型矿山开发中遇到的地质问题,都起了重要作用。但在李四光著作中提出的一些地质问题,如地壳运动规律,地壳岩石圈、水圈、大气圈、生物圈在运动中的相互联系,矿产资源时空分布规律等,迄今还没有解决。

克里木战争与天气预报诞生

　　天气预报就是应用大气变化的规律,根据当前及近期的天气形势,对未来一定时期内的天气状况进行预测。

　　现在人每当出门前都会查一下天气预报,看一下今天的天气如何。殊不知,我们离不开的气象学竟然是因为一场战争而发展起来的。

　　1853～1856 年,沙皇俄国与英、法两国之间,因为争夺巴尔干半岛而爆发了著名的克里木战争。在这场大规模的战争中,双方争得你死我活,每一方都使出了浑身解数来作战。1854 年 11 月 14 日,俄国和英、法两国掀起了大规模的海上交锋。双方在黑海展开激战的时候,突然一阵风暴来临了。这场风暴使得海上顿时像炸开的锅一样沸腾起来,英、法军队的战舰差一点被风暴吞噬。

　　在为自己逃过一劫而庆幸的同时,英、法军队的指挥官也开始了反思,假如他们能够摸清作战当天的天气情况的话,不就会大大增加胜利的筹码了吗? 于是,法军作战部给巴黎天文台台长勒佛里埃写了一封信,要求他仔细研究一下风暴的来龙去脉。接到命令之后,勒佛里埃立刻展开了行动,因为当时没有电话,所以勒佛里埃给各个

克里木战争

国家的天文气象工作者写了信。最后,他收到了 250 多封回信,根据回信的内容,勒佛里埃进行了整理和汇总,最后得出的结论是:黑海的风暴来自茫茫的大西洋,这股风暴自西向东横扫了整个欧洲。就在海战的前几天,这股风暴还袭击了西班牙和法国。

　　勒佛里埃将这些信息全都告诉了法军作战部,为此,法军作战部提出了一个建议:为何不在欧洲大西洋沿岸设气象站呢? 这样不就能实时传达气象信息,在作战中避免不必要的损失了吗? 这个建议在法国引起了强烈的反响,勒佛里埃本人也

很支持这样的做法,在他的推动下,法国的科学院开始讨论建立气象站的事宜。在勒佛里埃的主导和社会各界的推动下,法国在1856年成立了世界上第一个正规的天气预报服务系统,这也是我们现在看到的天气预报的雏形。

大自然的天气是千变万化的,刚才还晴朗的天,转眼就狂沙四起,暴风骤雨,怎样才能掌握天气变化的规律呢?为此,世界各国人民都在很早的时候,就开始了对天气的观测以及探究。

据甲骨文记载,中国早在3 000多年前就开始了对气象的研究,到了北魏时期,著名的农业学家贾思勰在他的综合性农书《齐民要术》里,又对气候的一些现象做了很详细的批注,并用一些谚语来表述,告诉人们何时播种、何时收割,比如布谷催春种,意思是说布谷鸟啼鸣的时候,农民就可以开始耕田播种了。美国也有天气方面的谚语,比如"傍晚天空红,水手乐无穷",意思是说晚上如果晚霞红遍天际的话,第二天必定是个无风无浪的大晴天。诸如此类的谚语还有"月亮长毛要下雨"、"天上钩钩云,地下雨淋淋"等,都是利用一些自然现象告诉人们如何预知天气。

公元132年,中国的张衡发明了风向仪——相风铜鸟,用来预测天气,使用方法是,选择一片开阔地,竖起一根5丈高的杆子,然后在杆子的顶端放置一个会随风转圈的铜鸟,这样便可以根据铜鸟转动的方向来确定风向了。当然由于受当时的条件所限制,对天气的判断多出于人们日常生活的经验,这样的天气预报的方式是不准确的,不过它毕竟有一定的道理。后人在此基础上又发明了更合理的预报方式。

克里木战争促成天气预报诞生。天气预报就是根据气象观测资料,应用天气学、动力气象学、统计学的原理和方法,对某区域或某地点未来一定时段的天气状况,做出定性或定量的预测。

它的发展可分为三个阶段:

1.单站预报。17世纪以前人们透过观测天象、物象的变化,编成天气谚语,据以预测当地未来的天气。17世纪以后,温度表和气压表等气象观测仪器相继出现,地面气象站陆续建立,这时主要根据单站气压、气温、风、云等要素的变化,来预报天气。

2.天气图预报。1851年,英国首先经由电报传送观测资料,绘制成地面天气图,并根据天气图制作天气预报。20世纪20年代开始,气团学说和极锋理论先后被应用在天气预报中。30年代,无线电探空仪的发明、高空天气图的出现、长波理论在天气预报上的广泛应用,使天气演变的分析,从二维发展到了三维。40年代后期,天气雷达的运用,为降水以及台风、暴雨、强风暴等灾害性天气的预报,提供了有效的工具。

3. 数值天气预报。20 世纪 50 年代以来，动力气象学原理、数学物理方法、统计学方法等，广泛应用于天气预报。用高速电子计算机求解简化了的大气流体力学和热力学方程组，可实时做出天气预报。尤其是 60 年代发射气象卫星以来，卫星的探测数据弥补了海洋、沙漠、极地和高原等地区气象资料不足的缺陷，使天气预报的水平显著提高。

小知识

　　张骞(约公元前 164 年～公元前 114 年)，中国汉代卓越的探险家、旅行家和外交家，对丝绸之路的开拓有重大的贡献。当时西域诸国无史籍记载，张骞所做的报道，备载于《史记》、《汉书》中，成为研究中亚史的原始资料，具有重要的历史价值。

上帝派来的克鲁格曼

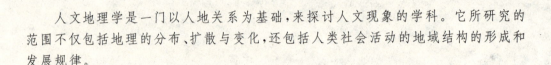

　　人文地理学是一门以人地关系为基础，来探讨人文现象的学科。它所研究的范围不仅包括地理的分布、扩散与变化，还包括人类社会活动的地域结构的形成和发展规律。

　　2008 年 10 月 13 日，美国经济学家、普林斯顿大学教授保罗·克鲁格曼，成为了本年度诺贝尔经济学奖的获得者。业内人士没有谁感到意外，所有人都认为克鲁格曼是实至名归的，因为他提出了"新经济地理学"理论，将地理学思想与经济学结合起来，开创了一种新型的地理学和新型的经济学。

　　1974 年，克鲁格曼在耶鲁大学求学，努力汲取各方面的知识，然而年轻气盛的他在研究过程中也栽过不少的跟头，但是导师最终带他走出了错误观念。

　　在耶鲁大学求学的时候，克鲁格曼经常会从事一些地理学方面的研究。有一段时间，他的研究老是出现一个数据的错误，他反复地做着各种假设都没能弄明白问题到底出在哪里。后来他有点灰心了，每天上课都打不起精神。克鲁格曼的变化，他的导师都看在了眼里，希望能够帮助自己的弟子度过这个心理障碍。

　　有一天，克鲁格曼的导师将他带到了办公室。他首先跟克鲁格曼进行了一些关于课程上的交谈，然后拿起一杯牛奶放在水槽的边上，并且示意让克鲁格曼看着。克鲁格曼不解地看了看牛奶，又看了看导师。

　　两人都沉默了一会儿，突然，导师就像想起什么一样推倒了牛奶杯子，牛奶顺着杯子口流进了水槽。

　　克鲁格曼说："多可惜呀！好好的一杯牛奶。"

　　这时候，导师语重心长地说："牛奶已经流干了，不管你如何后悔也没办法挽回了。你现在能做的就是要把过去的失败忘记，然后接受新的挑战。只有这样，你才会收获更多。"

　　克鲁格曼听了之后陷入了沉思，没过几天，他再一次充满信心地回到了研究中，并且不久他就取得了突破性的进展。在以后的"新经济学理论"研究中，他依然没有忘记导师对他说过的话，这也是他取得重大成就的原因之一。

　　在地理环境中，若没有人类的存在，那将会死气沉沉，没有任何生机可言。所以，人文地理就应运而生了。

人文地理学是一门以人地关系为基础，来探讨人文现象的学科。它所研究的范围不仅包括地理的分布、扩散与变化，还包括人类社会活动的地域结构的形成和发展规律。从所研究的课题上来说，人文地理有广义和狭义之分，广义的人文地理学包括社会地理学、政治地理学、经济地理学等，狭义的人文地理学则指社会文化地理学。

最早的地理知识方面的叙述多是片段性的，但是地域文化的特征已经凸显，比如在《礼记·王制》中，就有"广谷大川异制，民生其间者异俗"这样的记载，显示了当时的人们已经知道地域的不同对人类思想所产生的影响和变化。

而在西方，人们一直把地球作为日出而作、日落而息的家乡来研究，所以在被称为"历史之父"的希罗多德和旅行家斯特拉波的著作里，就很仔细地论证了很多人文的地理现象。

进入 19 世纪，人文地理得到了快速的发展。这一时期各国都针对人文地理做了自己的研究和考察，德国的地理学家李特尔在他的《地理学——地理对人类素质和历史的关系》一书中，就很科学地阐述了自然现象与人文现象的相互关系，并且他认为自然是人文的基本原因，同时特别强调："土地影响着人类，而人类亦影响着土地。"他还在《欧洲地理》一书中，以前言的形式告诉人们，大地上所出现的这一美好的景色，皆因为是自然与人文的完美结合，二者被完美地安排在一起，恰恰体现了自然与人文的不可分割性。

小知识

鲍曼（公元 1878 年～公元 1950 年），美国地理学家。其最具权威的著作为《战后新世界》，主要论述第一次世界大战后的世界政治地理问题，分析了特定地区的地理条件、历史背景和特殊问题。另外还著有《秘鲁南部安第斯山》、《拓荒者的边界》、《森林地文学》、《地理学与社会科学的关系》等。

班固书写了正史地理志的先例

《汉书·地理志》作为中国第一部以"地理"命名的地理著作,是由东汉学者班固撰写,为《汉书》十志之一。在书中,班固对汉代郡县封国的建置,以及各地的山川、户口、物产、风俗和文化等做了综述,保存了汉代及其以前的许多珍贵的地理资料,是中国地理历史上一部具有划时代意义的著作。

在汉朝建立了200多年之后,出现了一个伟大的地理学人物,他就是班固。班固生活的年代正是汉朝的鼎盛时期,王朝的空前繁荣促进了经济的发展和版图的迅速扩大,这些都对地理学提出了进一步发展的要求。这时候的地理学,不仅仅是对地理数据的大量记述,还包括准确的测绘和统计,而班固是第一个做到这些的人。

班固自幼十分聪慧,9岁的时候就能够背诵很多诗词歌赋,当地的人都叫他"小神童"。有一次,邻村一个自认为很有才学的人听说了班固的聪颖,就想考考他,实际上就是想让班固丢脸而已。这个人来到班固家里,他大张旗鼓地说要来考考班固,所以很多好事者都来看热闹,挤满了班固家里的院子。

班固画像

班固应声出来,这个人一见班固就问:"听说你是个'神童',那我来考考你如何?"班固虽然有点胆怯,但最后还是同意了。那人开始问秦朝时候发生的大事,没想到班固对答如流,那人并不满足,继续提问,依然没有难倒班固。到了最后,弄得这个人都不知道问什么好了,才终于放弃,前来观看的人都为班固的表现鼓掌。

长大之后,班固遍览群书,在父亲的影响下,他开始研究史学。父亲去世后,班固趁着在家里守丧的时间,整理了父亲的《史记后传》,并开始撰写《汉书》,没想到因此而酿成一段悲欢离合的经历。起初班固私修史书,有人上书汉明帝,告他私撰国史,班固因此被捕下狱,全部书稿被抄。他的弟弟为了哥哥奔走上书,并将哥哥写的《汉书》送到汉明帝的手中,汉明帝看后十分欣赏班固的才学,不仅从监狱中释放了班固,还任命其为兰台令史。因兰台为当时皇家藏书之所,所以班固有饱览皇室藏书之便等良好的著书条件,于是精心修史凡二十余载。公元92年,外戚窦宪失势,班固曾依附于他而显赫一时,因此受牵连而入狱,同年死于狱中。此时,凝聚着他几十年心血的《汉书》尚未完成,所幸的是,他的妹妹班昭继承哥哥未竟的事业,完成了《八表》的编写,同郡学者马续又代著《天文志》,终于使《汉书》成为一部完整的史书。

班固创作的《汉书·地理志》,为我们今天保留了丰富的地理资料,是研究中国古代地理的重要参考。

中国最早的地理志出自《尚书·禹贡》,《禹贡》具体写于什么年代,现在已无从考证,不过里面记载的内容是大禹治水所经过的地方以及治水的过程,据后人分析,原作者是以大禹治水所经过的路线来向人们讲述地理知识的。但《禹贡》里面所记载的,只是一些很简单、很初级的地理知识,到了西汉时期,在司马迁所著的《史记》里,也未见提到地理知识的只言片语,比如在提到秦始皇灭六国将天下划分为36郡的时候,并没有将这36个郡的地理位置和面积说明清楚,不能不说是一种遗憾。

这样的事情引起了东汉史学家班固的注意,在他所著的《汉书·地理》一书中,建议行政区分划出大致的地理框架,然后每个位置上再注明有什么特别的地理现象以及风土人情,比如某个区域有高山、峡谷、江河等;关中的风俗特点是"五方杂厝,风俗不纯,其世家则好礼文,富人则商贾为利,豪杰则游侠通奸",而淮阳地区则是"妇人尊贵,好祭祀,用史巫,故其俗巫鬼",此类的批注很多。有了这样的记载,后人要想了解什么地方有什么风俗的话,只要看书里所介绍的就一目了然了。

基于这样的考虑,班固在《汉书·地理》一书中详细地标明了郡县的地理位置,并且根据历史阶段的不同,进行新、旧对照。不仅如此,他还在将书中所提到的400多条河流的流向以及沿途所经的地方都做了记载。为了完成这本书,班固不仅查阅了大量的史书,而且翻山越岭,考察走访了大部分地区。

至今,《汉书·地理志》依然是中国历史上最完整的一部地理学方面的书籍。

小知识

　　罗尔德·亚孟森(公元1872年~公元1928年),挪威极地探险家,第一个到达南极的人。主要著作有《南极》、《我作为探险家的一生》等。

追踪罪犯
追出第四纪冰川地层学遗迹

冰川是寒冷地区多年降雪聚积、经过变质作用所形成,具有一定形状并能自行运动的天然冰体,分为大陆冰川和山岳冰川两大类。

在浩瀚的北大西洋上,一艘船正在全速前行,此时洋面上无风无浪,这是航行一个月以来难得的一个好天气,所有的人都来到甲板上看风景。就在人家兴致勃勃地谈论着目的地的时候,船突然重重地颠簸了一下,站在甲板上的人没有防备,都狠狠地摔了一跤,然后船停了。

肯定是出什么事情了,众人纷纷跑回船舱,一个叫勃朗宁的船员跑进船长室,正当他想询问船长的时候,却发现船长背靠在驾驶座上,头向一边歪着,双臂下垂,已经死去了。

"船长死了,我们的船很快就要沉了,请大家赶快上救生艇逃生吧!"船长被人谋害了,这是勃朗宁的第一反应,他呼喊着,所有的人都惊恐万分地跳上了救生艇,全然不顾船上满载的货物。

20年以后,为了寻找凶手,同时也为了查明父亲的死因,船长的儿子再次驾驶这艘船来到了大西洋。离父亲遇害的洋面越来越近了,船长的儿子想起勃朗宁曾经说过的话:"我跑进船长室,但是已经晚了,我想寻找一些有用的蛛丝马迹,可是一无所获,而且船长的身上没有一点血迹。"

船长的儿子看着身边的勃朗宁沉思着,他觉得勃朗宁肯定知道很多秘密。果然,在吃饭的时候,他注意到勃朗宁悄悄地从口袋里拿出几片白色的药,然后转过身,又溜到船长室,把药片放进了船长儿子喝咖啡的杯子里。

"你这是在做什么?你的行为我已经看到了,我想20年前你也是这么做的吧?可是你这样做的目的是什么呢?"

勃朗宁猛一回头,看到船长的儿子正怒目圆睁地盯着自己。"你的父亲,也就是那个可恶的船长,在一次航行中,他故意害死了我父亲,进而占领了我父亲全部的财产。现在,你又来调查这件事,那么就让你去跟你的父亲做伴吧!你们都是一样的人,生性残暴,很多船员都强烈要求改善伙食,可是你从来也没答应过,饿死的船员被你狠狠地丢进大海,今天,你就去喂鱼吧!"

"你简直疯了。"两个人在驾驶室里扭打起来。这时候,船失去了控制,一头向前方的巨大的冰川撞去。

在地球的两极,由于气温长期在0℃以下,大量的积雪尚未融化,便又叠加了新的积雪,它们在一起经过一层一层挤压,致使面积越来越大,而形成庞大的冰体。冰体发育到一定的时期,已无法支撑自身的重量,就开始下落,由于高处的温度低,低处的温度逐渐增加,在冰体滑落的过程中,它的体积便逐渐地融化变小,到了最底部,便形成舌状冰川。冰川的表面是凹凸不平的,有的还有很深的裂痕,被称为冰隙。

山岳冰川

根据冰川所处地理位置的不同,可分为大陆冰川和山岳冰川两大类。发育在大陆上的就叫做大陆冰川,发生在山上的叫做山岳冰川。山岳冰川的形成需要具备一定的条件,若是山体的坡度太陡的话,存不住积雪,就难以形成冰川。

冰川冰带以较快的速度向低纬度推进的时期叫做冰期,而介于两个冰期之间的这段气候温暖的时期叫间冰期。历史上,地球曾出现过 3 次大规模的冰期,一次是距今 6 亿年以前的寒武纪大冰期,一次是距今 2 亿～3 亿年以前的石炭-二迭纪大冰期,而最近的一次是在距今大约二三百万年之间。

冰川主要属于第四纪气候特征,它们的大量出现距今约二三百万年前,那时候地球大陆冰川的覆盖面积已经达到 30%。由于地理位置的不同,冰川的发育也是不尽相同的,比如在欧洲大陆,冰川的覆盖面曾达到北纬 48°,在亚洲的北部以及西伯利亚地区,冰带的范围就相对小了很多,特别是在中国,几乎没有被冰带所覆盖。

小知识

阿尔布雷希特·彭克(公元 1858 年～公元 1945 年),德国地理学家、地质学家。他致力于自然地理学,特别是地貌学的研究,首创"地表形态学"一词。他在其学生 E. 布吕克纳的协助下,撰成《冰川时期的阿尔卑斯山》一书,将阿尔卑斯山的第四纪冰川时期划分为 3 个间冰期和 4 个冰期,创立了第四纪冰川地层学。另外还著有《地表形态学》。

历史地理学者杨守敬

历史地理学是地理学的一个分支,主要研究人类历史时期的各类地理问题,特别关注历史中的地理演变与地理过程。

杨守敬于 1839 年生于宜都陆城一个商人家庭。尽管从小就和金钱打交道,但是杨守敬丝毫没有被铜臭味腐蚀,他运用金石考古等多种方法研究《水经》、《水经注》,成为了名副其实的历史地理学集大成者。

在杨守敬 10 岁的时候,做了一辈子生意的爷爷对他说:"敬儿,爷爷今年已经70 多岁了,身体已大不如从前,为了咱们的这些家业,你还是不要再读书,跟着我在铺子里学做生意吧!等你上手了,我也可以放心地享享福了。"听了爷爷的话,杨守敬也不好推辞,他只说:"爷爷,我还这么小,站着还没有柜台高,还是先读书,过几年再学做生意吧!"爷爷这时候有点不高兴地说:"你爹像你这样大的时候都已经自己打理铺子了,他那时候也没有你读的书多,但是算账速度很快,可以同时打两把算盘。可惜你爹死得早,要不然我也不会耽误你的学业,但是咱们的家业你也不能不考虑呀!"

听了爷爷的话,杨守敬也不愿意看到他老人家因为没有人继承家业而难过,于是他告诉爷爷:"那您以后教我做生意吧!"爷爷高兴地点了点头。从此,杨守敬就不再去学堂了,每天到爷爷的铺子里学做生意。

杨守敬的母亲出身于书香门第,她懂得读书的重要性,看到儿子因为做生意而荒废了学业,不由得心急如焚。晚上睡觉的时候,母亲因为儿子荒废学业的事情而翻来覆去睡不着觉,起来的时候却看见儿子的房间里还亮着灯,于是她轻轻推开儿子房间的门,发现杨守敬正在灯下专心读书。母亲心疼不已地说:"白天在铺子里忙了一天了,晚上还要回来学习,你的身体哪吃得消啊!"于是就命令他赶紧睡觉。

第二天一大早醒来,母亲去杨守敬的房间发现儿子依然在读书。等杨守敬去了铺子之后,母亲偷偷地走进了他的房间,看见桌子上有一张纸,上面写着一首诗:"白昼营生夜秉烛,经商习文两不误。杨氏男儿早自立,事成须下苦工夫。要慕古人与前贤,前悬梁来锥刺股。发奋识遍天下字,立志阅尽人间书。"

母亲看完这首诗之后,不禁泪如雨下。也正是由于杨守敬的这种专心致志、刻苦学习的精神,才促成了他对历史地理学研究的巨大贡献。

历史地理学是地理学的一个分支,很早的时候就已经受到人们的关注。历史地理的研究是以不同历史时期的地理环境为对象,而所谓的历史时期是指在地球上有了人类以后,地理环境所发生的变化。人类在地球上繁衍生息,利用和改造地理环境,给地理环境带来的一系列的变化,都是历史地理研究的范畴。

历史地理按其发展的内容可分为三个阶段,早期是沿革地理的起源,中期是沿革地理向历史地理演变,后期是历史地理的形成。

中国的历史地理最早应该追溯到东汉时期,在东汉史学家班固的《汉书·地理志》中,就已经有了地理历史的影子。到了宋代,有很多的文献,如《太平寰宇记》、《元丰九域志》、《舆地广纪》、《舆地纪胜》等,足以证明历史地理已经形成一个独立的科目。到了清代,又出现了顾祖禹的《读史方舆纪要》和晚清杨守敬的《历代舆地图》,而这两部著作被称为中国历史上关于历史地理学方面的经典之作。

杨守敬的书法作品

在 18 世纪的科尼斯堡大学里,德国天文学家康德开始向学生们讲授自然地理,与此同时,德国另外两位地理学奠基人洪堡和李特尔也就自然地理和人文地理的研究作出了杰出的贡献。这两者都与历史地理学之间紧密相连,深深地影响着历史地理的发展,因为早期的历史地理就是从研究人文地理开始的。

早期人们在研究历史地理的时候,总是摆脱不了人文地理的影子,一直到 20 世纪 50 年代,科学家克拉克才向世人强调历史自然地理的重要性,它绝不可同其他学科混淆,此后经过学者和专家们认真的研究和系统的总结,历史地理被分为历史自然地理、历史人文地理、区域历史地理和历史地图等四个项目。

小知识

顾祖禹(公元 1631 年~公元 1692 年),中国明末清初沿革地理学家。他所编写的《读史方舆纪要》是一部记叙地理沿革、战争形势的历史地理专著,不仅是历史地理研究者必读之书,也是历史研究者不可缺少的重要史籍。

鲧的传说与地域分异

地域分异是指地球表层自然环境及其组成要素在空间分布上的变化规律，即地球表层自然环境及其组成要素，在空间上的某个方向保持特征的相对一致性，而在另一方向表现出明显的差异和有规律的变化。

大禹治水的故事至今还在民间流传，然而鲧的传说却不为大多数人所知。事实上，鲧的传说跟地域分异有着密不可分的关联。

远古的时候，尧继承王位做了帝王，他是一个有文韬武略又能体恤百姓的人。天下在他的治理下十分太平，人们生活安居乐业。然而好景不长，有一年，水灾突然来袭，天下顿时洪水滔天，百姓的庄稼被水湮没，牛、羊等牲畜都被水冲走，房子也被洪水冲垮了，存活下来的百姓怨声四起。

看到了这样的景象，尧心如刀割，于是召开部落联盟会议，商量治水的问题。鲧平日勤奋好学，又通晓一些地理知识，四方部落首领都认为这个差事非他莫属，于是都举荐鲧去治水。尧对鲧不大信任，首领们说："现在没有比鲧更强的人才，你试一下吧！"尧才勉强同意。

鲧来到了大河边上，他望着宽阔的河面不知道应该从何处下手。这时，一群群"鸱龟"出现在了他的面前，这些"鸱龟"在地上爬着，它们的尾巴在地上留下了一条条的痕迹。鲧以为这些"鸱龟"是上天派来挽救他的使者。于是便命令下属依"鸱龟"在地上留下的痕迹筑堤堙堵，以为这样就能够防治洪水。然而一晃 9 年过去了，洪水丝毫没有退却的意思。

这时候，舜被举用，代替尧管理政务。他到地方巡视的时候，发现鲧治水丝毫没有进展，于是将这件事如实禀报给了尧，并且建议尧将鲧放逐于东海。后来鲧惨遭祝融的毒手，但他死后 3 年身体都没有腐烂，人们都很奇怪，于是有人剖开了他的肚子，竟然生出了禹。

随后，鲧化为了黄熊，投入到羽山下的深渊。他强忍着剧痛越过高峻的山岭向西行进，企图到昆仑、灵山等神巫众多的地方求神灵救活他，但最后还是没能逃过这一劫。鲧死后，他的儿子禹继续治水，很快水患被消除，天下又恢复了太平。

地域分异指地球表层自然环境及其组成要素在空间分布上的变化规律，即地球表层自然环境及其组成要素，在空间上的某个方向保持特征的相对一致性，而在另一方向表现出明显的差异和有规律的变化。

地域分异有着它自己的规律,研究地域分异的规律对人类活动来说,有着极为重要的意义。虽然至今为止,科学界并没有对地域分异研究出一个统一的规律,但是它初步可以分为如下几个方面:

1. 在太阳的辐射下,因为纬度的不均而形成了纬度地带性。

2. 原始的以及后来因地势变化而发生了大地构造上的自然的区域分异。

3. 因为海陆之间的相互作用而产生了干湿度地带性。

4. 大陆与高山之间的垂直地带性。

5. 由地形、地面组织和地下水层分布不均引起的地方性分异。

地域分异规律是人类在对大自然的分析和探索中逐渐认识的,中国早在 2 000 多年前,就有了地域分异的概念,古书《尚书·禹贡》就以自然分界为原则,把名山大川以及河流平原分为 9 个大州。而在 19 世纪,德国的洪堡也提出了地域分异的观点,他的原则是根据气候给植被带来的影响,进而分析出植被的地域分异规律。

在对地域分异规律的探索中,人们还发现了一个现象,那就是有许多的自然地带并不是连续的,尤其是在那些大的山脉以及高原之间,还会出现垂直带现象,这表明地域分异规律既有着地带性差异,也有着非地带性差异。而人们所总结的非地带性,则包括由于地势的构造、地势地貌的分异以及岩石在地层内部的活动,而引起的非带状分布的特性。

小知识

　　弗拉第米尔·伊万诺维奇·维尔纳兹基(公元 1863 年~公元 1945 年),前苏联矿物学家,地球化学奠基人之一。他开创了"物圈地球化学"支学科,提出硅酸盐结构的理论,并被证实。著有《地壳矿物史》、《地球化学概论》等。

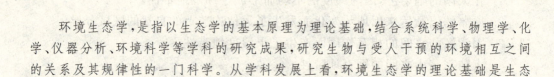

可怕的魔海

环境生态学,是指以生态学的基本原理为理论基础,结合系统科学、物理学、化学、仪器分析、环境科学等学科的研究成果,研究生物与受人干预的环境相互之间的关系及其规律性的一门科学。从学科发展上看,环境生态学的理论基础是生态学,它由生态学分支而来,但同时又不同于生态学。

喜怒无常的大海总是令人捉摸不透,从古至今不知有多少生命葬身海底。同时,大海也在提醒着我们要关注环境生态学,要不然会有更多的生命遭到"魔海"的吞噬。

1926年7月的一天,英国航海爱好者亨利·巴可索特和他的5个好朋友踏上了前往美国的旅程。他们6人当时都是学生,这一次出海是利用暑假的机会感受旅行的惊险和刺激,但他们驾驶船舶的技术并不高超。

启程的时候天气很好,海上没有一点风浪,他们怀着兴奋的心情踏上了旅途,并没有意识到一场巨大的灾难正在慢慢地向他们走近。

航行到第五天的时候,天气突然发生了变化,海上风浪滔天,大雨倾盆而下。他们从没见过这样的景象,一个个吓得脸色煞白。小船瞬间就像要被海浪撕烂了一样开始左右摇摆,桅杆也折断了,甲板上的东西全部都被海水卷走了。

"我们只能听天由命了,船已经无法驾驶了。"亨利·巴可索特难过地说。大家都很害怕,但是还心存希望,他们希望能有过往的船只来营救自己。

恐怖的暴风雨天气终于结束了,当众人好不容易松了一口气的时候,可怕的事情又发生了。天刚蒙蒙亮,亨利·巴可索特看见几条白蛇般的物体蜷曲着身体爬上了他们的甲板。他大叫起来,招呼所有的人聚集到甲板上,拿着各种可以找到的工具敲打"白蛇"的头部,"白蛇"便掉到海里去了。

到了白天,他们定睛一看,发现那些东西根本就不是"白蛇",而是一种带有吸盘似的海草,但是这种海草看起来似乎很有进攻力。

他们商量了一下,决定驾驶小艇赶快离开这个鬼地方,要不然他们有可能都会变成海草的食物。

于是,他们分配好工作,轮流划船和拍打爬上小艇的水草。幸运的是,他们在摆脱海草不久后,就遇上了一艘前往美国的船只而获救了。

以研究生物的生存条件以及它们与生存环境之间的相互关系为对象的学科，叫做环境生态学。

所谓的生物包括原核生物、原生生物、动物、真菌、植物等五大类，而环境是指地理环境。在学科分类上，生物与环境各自有着自身的独立性，但是二者之间又有着千丝万缕的关联，所以也就产生了"生态环境"这个新名词。

研究生态环境对我们所居住的这个星球有着举足轻重的作用。一个生态系统的组成有两大部分，一个是"无机环境"，而另一个则是"生物群落"，无机环境指的是构成生态环境中的非有机因子，比如阳光、水、空气、温度、风等，在整个生态环境中，无机环境是基础，它的优劣直接关系到生物群落的繁衍与丰富程度。

地球上生物种群的生存无不时刻受着环境的影响，而它们的活动同时也在潜移默化地改变着环境。从生物链的角度来说，植物所生长出来的叶子和果实为昆虫提供了食物，而昆虫又是鸟类的食物，鸟被鹰和蛇捕食，而鹰和蛇同时又扼制着草原上鼠类的泛滥。而从环境的角度来说，一片肥沃的草原上，如果没有狮子和豺狼的身影，而任其牛、羊成群地发展，那么这片草场迟早会变得光秃，这也体现了保持生态平衡的重要性。

随着社会的进步与发展，人类的活动愈加频繁，森林火灾、火山爆发，工业废气、生活燃煤、汽车废气、核爆炸等，致使地球上的环境问题层出不穷。现在的生态环境学主要是针对如何改善和遏制地球上出现的温室效应、酸雨、野生动植物濒临灭绝、土地沙漠化等现象的发展，来做进一步的探索与研究，进而还人类一个绿色环保的地球。

小知识

爱德华·戴维·戈德堡（公元 1921 年～　　），美国地球化学家。他从化学角度对海水、海底沉积物的海洋生物进行了研究，在海洋环境的年代变化和冰河年代的划定等方面的研究作出了贡献，后来致力于环境科学的研究。著有《地球科学与陨星学》一书。

"五彩湖"与地缘政治意识的萌芽

地缘政治学又称地理政治学,它根据各种地理要素和政治格局的地域形式,分析和预测世界或地区范围的战略形势和有关国家的政治行为,并把地理因素视为影响甚至决定国家政治行为的一个基本因素。

在西藏北部有一个很奇妙的湖,随着阳光照射角度的变化,湖水会呈现出多种不同的颜色:水面上,有的地方显露出海蓝色,有的地方呈现着翠绿色,有的地方辉映成橙黄色。人们以石击水,那荡漾起的涟漪,却能反射出粉红色和雪青双色波光,向四周扩散开去,宛如一道道美丽的彩虹。由于湖水会变化成五种颜色,当地人把它叫做"五彩湖"。

传说在很久以前,这里只是一片平原,平原附近有一个小村庄,农民在平原上种植各种庄稼,风调雨顺,日子过得倒也安稳。

可是有一年,天逢大旱,再深的井里也打不出来一滴水,不要说庄稼颗粒无收、大地裂开了口子,就连那些工作的牲畜也被渴死了。

这样下去,总不是个办法,于是人们开始筹办祭品,向河神祈求雨水。

可是河神却提出了一个无礼的要求,他要求人们送一个姑娘做祭品,并警告说:"如果三天后不送来的话,那么这个村子至少三年不会降下一滴雨,村里的人唯一的出路就是逃荒要饭。"

谁家的姑娘愿意去呢? 大家都把目光投向了族长,族长也一筹莫展。他有一个 18 岁的女儿,知道了这个事情以后,便替父亲担忧了起来。

三天以后,族长的女儿做出了决定,她告诉父亲:"让我去吧! 为了全村的乡亲,就算是死了,我也会永远守护这片大地。"

女儿穿上了节日的盛装,走上了祭台。这时候,只见狂风大作,众人都被尘土迷住了眼睛。当他们把眼睛睁开的时候,发现族长的女儿已经不见了,只听见有人喊道:"快看,天上的仙女下凡了。"

所有的人都跑过去观看,只见仙女飘落的地方,出现了偌大的一个湖,湖水在阳光的照耀下,呈现出各种不同的颜色。从此,人们又过上了安乐的日子。

人们把"五彩湖"归结为一个美丽的传说,其实它是大自然的杰作:随着地壳的运动,海底变成陆地,而陆地中的低洼处自然就成了湖泊。

当地由于气候湿热而形成的红土,使湖水看起来像红色的;强劲的北风会带来黄土,黄土沉积于红土上,又使湖水呈黄色;随着时间的变化,干旱和强烈的光照一点点地蒸发湖水,岸边就会露出白色的石膏层,在阳光的折射下,湖水又呈白色;而湖水的深层底部,又是蓝色或绿色的。这就是"五彩湖"的成因,同时也体现了这个地方人们地缘政治意识的萌芽。

很早以前,欧洲人所有的行为基本上都局限在大陆上,自从哥伦布航海发现美洲大陆以后,他们便开始了由海上扩张领土的意识。

英国地理学家麦金德认为,随着领土的不断扩张,人们的私欲也在不断膨胀,欧亚大陆因为有着天然的地理优势迟早会成为兵家必争之地。因此,他提出的"地缘政治论"告诉人们,很多情况下,人类的斗争不是因为观念,而是对领土的控制欲。

然而,众多的专家学者却不这么看,公元 500~1500 年,随着突厥和蒙古人大量的入侵,人口的急剧增长,生态环境的恶化以及生存资源的减少,都从不同程度上影响着欧亚大陆的地理价值。

蒙古兵入侵俄罗斯

如果你到欧亚那些贫民区走一走,很明显就能感觉到资源紧缺给生存带来的压力。再加上周边一些国家密织如麻的导弹防御系统,使得欧亚大陆已经失去了可以用来研究的区域痕迹。

所以,从这个角度来说,麦金德的地缘政治论应该做出很大程度的修改。

小知识

奥格(公元 1861 年~公元 1927 年),法国地质学家。他一生中最大的成就是对地槽学说的新发展和对地史学研究的奠基性贡献。著有《地质学专论》和《地质学教程》。

智筑冰城的故事

景观学是地理学的综合性分支学科。在人类生存的空间,既有自然科学,又有人文科学,而景观学所研究的是如何把这两者艺术化地结合在一起,其主要的核心思想就是怎样协调人与自然的关系,使其更好地服务于生活和社会。

天气的自然变化在很多时候都成为了古代战争的筹码之一,孔明的"草船借箭"就是好的例子,在不费一兵一卒的前提下获得了胜利。在这个故事中,曹操吃了大亏,然而风水轮流转,他在对抗西凉的战斗中也沾了天气的光,而战胜了对手。

三国时期,曹操北定中原,于是调集兵马讨伐西凉并杀死了西凉人的首领马腾。马腾的儿子马超非常孝顺,而且他又是天下有名的虎将,自己的父亲被曹操害死了,他怎肯就此罢休,于是亲率兵马东进,迎战驻扎在渭北(今黄土高原中南部的渭河附近)的曹军。

曹操的军队因为长期作战,再加上这次是长途跋涉,已经十分疲惫。这个时候西凉军队频频来袭,曹军抵挡不住,每一次交锋都损失惨重。为了防范西凉人的进攻,曹操打算取渭河的沙土来修筑营寨大墙,但因沙土粒粗屡筑屡塌,曹操为此苦恼不堪。

这个时候,当地的一位通晓天象的隐士求见曹操,并且献上了一个计策,他说:"这一段时间以来,渭水一带乌云密布,夜间的时候一定会刮大风,北风之后天气一定会转冷。刮起北风之后,你命令士兵运来沙土堆成小山形状,接着往上面浇水,天亮的时候,这座土山就会变成一座'冰城'了。"听了这位隐士的计策之后,曹操如获至宝,立刻命令士兵照此行动。果然第二天早上,一座"冰城"出现在了他的面前。

马超及部下来到"冰城"下一看,都大为震惊。冰城险峻光滑,西凉兵久攻不下,损失十分惨重,官兵士气低落,军心开始动摇。此时,静候在"冰城"内的曹军待机冲出营寨,一举击溃了马超的西凉军。

曹操听取了隐士的良策,利用冷锋天气的变化,运土泼水筑成冰寨城墙,保存了实力,并打败了马超。这个故事不禁让人联想到了地理学的综合性分支学科——景观学。

在人类生存的空间,既有自然科学,又有人文科学,而景观学所研究的是如何把这两者艺术化地结合在一起,其主要的核心思想就是怎样协调人与自然的关系,使其能够更好地服务于生活和社会。

景观学一说最初是由德国地理学家拉采尔提出来的,他建议把景观学作为地理学的研究中心。景观学分为原始景观和人文景观。原始景观是指原始状态下,没有遭到人为改造与利用的景观。而如今人类的科学发展使得我们几乎能够染指地球所有的角落,所以相对来说,能够遗留下来的原始景观就显得尤为珍贵。

为了保护这样的景观,很多国家已经着手行动,美国亚利桑那州西北部的科罗拉多大峡谷之中,有许多天然的峭壁、高峰、小丘等,它们光怪陆离,五光十色,不同的岩石层均代表不同的年代和不同的气候,是不可多得的地理景观化石。而另一处原始景观位于落基山脉的北部和中部的山间熔岩高原上,海拔2 000多千米,那里不仅有多年被河流冲刷而成的大峡谷,而且还有种类繁多的原始植被,如冷杉、红松、云杉等,除此以外还有各种动物,像鹿、麋、美洲野牛、驼鹿等。

人文景观又被称为文化景观,它是人们在自然景观的基础上,注入了文化内涵而形成的一种景观,可以表现在生活的各个方面,比如建筑、服饰、音乐等。

在人类所居住的这个星球上,奇异的峡谷、光怪的溶洞,无不渗透着大自然的鬼斧神工,而人类也恰恰是在这其中发现了美学,发现了美学的艺术价值。

小知识

尼古拉·尼古拉也维奇·巴朗斯基(公元1881年~公元1963年),俄罗斯经济地理学家,经济地理学区域学派创始人。他在经济地理学理论方法、国家及区域经济地理学、经济地图学、城市地理学及地理教学方面均有较大贡献。著有《苏联经济地理》、《美国经济地理》、《学校经济地理教学法概论》、《经济地理、经济地图学》、《经济地图学》等。

元朝使节团在南洋

组成国家的三要素是：国土、政权和居民。国土指的是有政治疆域的领土，政权是有一个权威的组织，而居民就是指占据该地域的人类团体，由此可见，政治学与政治地理学是完全不相干的两种概念。

10～13世纪是真腊文明最灿烂的时代，中国的史书将其称为"安哥时代"。真腊的繁荣引起了中国元朝统治者的极大兴趣，在灭了南宋之后，他们曾经一度进犯占城和安南，之后又侵入了真腊，也就是现在的柬埔寨地区。

为了能够成功入侵真腊，元朝政府组织了一个使节团，事先了解真腊的情况。元贞二年(公元1296年)二月，使节团从明州出发来到了温州港。在港口，人们穿着节日的盛装来为这些勇士们送行，使节团的团长站在船上的最高处向百姓们挥手，然后，大呼一声："起锚，出发！"船渐渐地驶出了港口。

使节团一路上历经千辛万苦，用了一个月的时间来到了占城。他们在占城逗留了很久，不是因为他们与占城王国交涉或者谈判拖延了时间，而是因为遇到了逆风以及内河水道浅水期，所以他们必须等到河水上涨的时候才能前往真腊，要不然路途会更加艰辛。

使节团在占城耽误了4个多月的时间，接着他们出发去了真腊。来到真腊之后，他们被眼前的繁荣景象惊呆了。这里的街道上商业十分繁荣，琳琅满目的商品看得人眼花缭乱。

使节团还得到了真腊王室的热情接待，王室在他们的宫廷中大摆筵席来欢迎这些来自远方的客人，当然他们并不知道这些人来这里的真实目的。

使节团在真腊逗留了一年之久，等待海上的西南季风以及河水的上涨。大德元年(公元1297年)六月，使节团开始起程回国，并于八月十二日顺利抵达宁波，整个旅程耗时一年半的时间。

使节团成员之一的周达观回国后编写了《真腊风土记》，书中详细地记载了当地的气候、地域分区等。这本书不但有着重要的地理学研究价值，还成为元朝进攻真腊的依据。后来，元朝发兵攻打真腊，但是天公不作美，由于地理以及气候条件的限制，未能取得成功。

在古希腊伟大的哲学家柏拉图所著的《理想国》中，曾细致地描写了理想的国家模式,而古罗马学者也在其著作《地理学》一书中,提到了大政治区域有效功能的一些必备的条件。从此,"政治地理学"一词便被当做一门学科进行研究与探索。

最早发表关于政治地理学专著的是拉采尔,拉采尔是德国著名的人文地理学大师,在他的专著中,他是这样描述政治地理学的:政治地理学研究的对象是国家与土地之间的关系,如果把人类生存的地球视为一个空间的话,那么这个空间一定要有它特定的组织性,也就是说,把人们心中的国家由一个抽象的概念转化为地域上的理念,进而使人们更加清晰地认识到什么是国家。

组成国家的三要素是:国土、政权和居民。国土指的是有政治疆域的领土,政权是有一个权威的组织,而居民就是指占据该地域的人类团体,由此可见,政治学与政治地理学是完全不相干的两种概念。拉采尔强调,每一个国家都只不过是地球表面上的一部分,甚至是附着在地球上的一种有机生物,是人类的一部分,那么从这个角度来说,政治地理也就是人类地理的一部分。

拉采尔崇尚达尔文进化论,他把国家看成是地球上的有机附着生物,生物的生存竞争规律是优胜劣汰,而国家的强大与羸弱在拉采尔看来,也不脱离这样的轨道,它如同生物一样,从诞生到成长,到强大,再到灭亡。自然界里的弱肉强食同样适用于国家之间的竞争,如果邻国没有强大的实力,那么这个国家必然向其进犯。

小知识

塞奇威克(公元 1785 年~公元 1873 年),英国地质学家。他与 R. I. 麦奇生合作,共同研究了德文郡的页岩和砂岩,并提出"泥盆纪"的命名。著有《英国古生代岩层划分概要》。1903 年正式开放的剑桥塞奇威克博物馆,就是为纪念他而建造的。

第四篇

胆略之旅

——世界地理大发现

腓尼基人开启海上探险之旅

腓尼基人不但是精明的商人,更是勇敢的航海家,他们的海船在地中海来往游弋,还穿过直布罗陀海峡,经常出没于波涛汹涌的大西洋。现今,直布罗陀海峡的两个坐标就是用腓尼基的神来命名的,被称为"美尔卡尔塔"。

在希腊神话中,有一段关于腓尼基的传说。腓尼基公主欧罗巴被万神之王宙斯变形为牡牛拐走之后,国王阿格诺尔非常痛苦,立刻派遣自己的长子卡德摩斯带着兄弟们四处寻找,并告诉他们,找不到妹妹不许回来。

一转眼,3 年过去了,卡德摩斯始终没有妹妹欧罗巴的消息,但是父命难违,他不敢回家,只好带领随从四处流浪。

为了能找到一个安身立命之处,他跪在卡斯泰利阿圣泉边,请求太阳神阿波罗赐给他神谕。阿波罗告诉他:"在前面的草原上有一头没有套轭具的小牛,它会带领你一直往前。等它躺下休息时,你可以在那里建一座城市,并命名为底比斯。"

卡德摩斯十分欢喜,刚要起身,忽然前面草地上出现一头母牛。他连忙朝着太阳神祈祷,感谢神灵护佑,并跟随母牛一路前行。

母牛带着卡德摩斯穿越凯菲索斯河后,站在岸边抬头大叫,回头看看卡德摩斯及他的随从,然后满意地躺在草地上。卡德摩斯见此,满怀感激之情,跪在地上亲吻这块陌生的土地。

为了向众神表示敬意,卡德摩斯派仆人到附近的森林中取泉水作为献给神的祭礼。

卡德摩斯与毒龙搏斗

那是一片人迹罕至的原始森林,里面的树木盘根错节,潜伏着各种奇异而危险的动物。在一个拱形的深谷中,一股涓涓流淌着的泉水在山石间涌出,蜿蜒流转穿过了层层的灌木。

卡德摩斯的仆人们来到泉水边,刚想弯下腰来打水,一条毒龙突然出现在他们面前。这个可怕的怪物眼睛喷射着火焰,膨胀的身体里充满了毒汁,对着这些陌生的闯入者张开了血盆大口。仆人们吓得呆立在原地，浑身的血液像是凝固了一般，水罐都从手中滑落下来。

毒龙把它遍布鳞甲的身躯盘成滑腻腻的一堆，蜷缩成直立的弓形，然后抬起半个身体，发起了攻击。这些可怜人根本来不及防备，有的被咬死，有的被毒气熏死，无一幸免。

卡德摩斯见随从迟迟没有归来，决定亲自去寻找他们。结果他发现了死亡的随从，还看到了罪魁祸首——毒龙。为了替随从们报仇，他用尽力气与毒龙搏斗，并最终将其制服。

这时，女神阿西娜出现了，她告诉卡德摩斯："把毒龙的牙齿种在泥土里，这是未来种族的种子。"卡德摩斯听从了女神的话，在地上开了一条宽阔的沟，将龙的牙齿放在了土里。

不一会儿，泥土下面有了动静，一个身披铠甲的武士从土里站出来，很快地，地下长出了一整队武士。卡德摩斯惊奇极了，他正想投入新的战斗，却听一个武士喊道："不要拿武器反对我们，不要参与我们之间的战争。"说完，他抽出利剑朝着从土里长出来的另一个武士砍去，与此同时，其他武士也都挥动手中的武器互相残杀。

最后只剩下 5 个武士，其中一人率先响应阿西娜的建议，放下武器，愿意和解。他们达成了一致，并归顺卡德摩斯，听从他的领导，与他一起同心协力建造新城。

新城建造好了，按照太阳神的旨意，取名底比斯。由此，勇于探险的腓尼基人的城邦又壮大了。

在地中海东岸曾经生活着一个古老的民族——腓尼基人，他们曾创造过高度发达的文明。在公元前 10 世纪到公元前 8 世纪，他们的文明达到了鼎盛。

腓尼基人生活的地方非常独特，前面是浩瀚无际的大海，背后是高大的黎巴嫩山，这种天然的地理环境注定了腓尼基人不能成为农耕民族，因为他们没有适宜耕作的土地。但是，腓尼基人凭借着自己的智慧发展手工业生产，靠着一双双灵巧的手制造出精美的玻璃花瓶、珠宝首饰、金属器皿及各种武器等。生产出来精美的手工艺品之后，有个重要的问题就是要将它们卖出去，光靠卖给自己民族的人是远远不够的，也就是说腓尼基人得要穿过汹涌澎湃的大海与其他民族进行交易。

聪慧的腓尼基人从埃及人和苏美人那里学习造船工艺，制造出了一种轻巧却很结实的船。他们制造的船舶

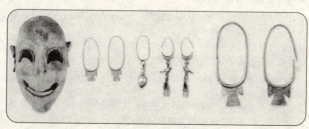
腓尼基人的饰物

身狭长，前端高高翘起，中部建有交叉的桅杆，两侧设双层樯橹，主要靠船桨和风帆前行，一艘船可以同时搭载3～6人，由这样的8～10艘船组成一个船队向海洋彼岸的国家前进。

腓尼基人的船队不仅航行到地中海的很多港口，还曾穿过直布罗陀海峡，进入波涛汹涌的大西洋，在直布罗陀海峡至今还有以腓尼基神命名的坐标——美尔卡尔塔坐标。腓尼基人凭借着娴熟的驾船技巧，一度到达了法国的大西洋海岸、英国的大不列颠群岛和非洲好望角。

直到现在，北非依然流传着关于腓尼基人航海的传说：腓尼基人曾经驾船到达了北非的古埃及，古埃及的法老尼科热情地迎接了腓尼基几位英勇的航海勇士。在为腓尼基人准备的酒宴上，为了确认腓尼基人是否有高超的航海技术，法老问他们说："听说你们腓尼基人有着高超的造船技术和航行技术，是这样吗？真是这样的话，我想考验你们一下。若你们从埃及出发沿海岸线一直向前，并保证船一直在海岸的右侧，假如你们能够回来的话，我有重赏；假如你们回不来的话，以后就不要对外宣扬自己高超的航海技术了。"腓尼基人毫不犹豫地接受了法老的挑战，带着法老为他们准备的食物和水，开始了艰难的航行。一晃几年过去了，埃及法老以为腓尼基人回不来了，觉得很失望。但是几年后的某一天，这几个腓尼基勇士真的又回到了埃及。法老听着他们的见闻，看着他们带来的各地的奇珍异宝，不禁对腓尼基人肃然起敬。

腓尼基人凭借着自己的智慧和勇敢取得了丰硕的成果，他们曾经一度建立了海上霸权，垄断了航海和贸易，成为强大的城邦国家。

小知识

　　亨利希·谢里曼（公元1822年～公元1890年），德国的地质学家和考古学家，现代考古学的奠基人之一，也是第一个运用摄影进行考古学研究的人。出于一个童年的梦想，他放弃了商业生涯，执著地投身于考古事业，使得荷马史诗中长期被认为是文艺虚构的国度：特洛伊、迈锡尼和梯林斯，重现天日。

北欧海盗发现冰岛和格陵兰岛

冰岛位于北大西洋中部,靠近北极圈,全岛总面积 103 000 平方千米,冰川达到 8 000 平方千米。格陵兰岛是世界上最大的岛屿,在北冰洋和大西洋之间,面积 200 多万平方千米,但全岛 80% 以上被冰川覆盖,是名副其实的"冰岛"。

北欧海盗是指来自挪威、瑞典和丹麦的那些无恶不作的强盗,他们经常活跃在西北欧的海岸线上,抢掠过往船只的财物,人们都被这群海盗的心狠手辣吓得心惊胆战,他们因此也臭名昭著。然而就是这些海盗,有时候也能够成为航海探险的功臣,冰岛、格陵兰岛的发现就要归功于他们。

公元 8 世纪时,北欧海盗非常猖獗。在挪威有一个名叫纳得多德的海盗,在一次航行的时候被风暴吹离了航线,来到了达法罗群岛西北方的一座荒岛上。当时这个岛上正下着雪,于是纳得多德就给这个岛起了一个名字叫做"雪岛"。不久之后又有一个瑞典人也是因为同样的原因来到了这个荒岛上,并将这个荒岛命名为"加达绍尔"。

这两个人先后到达这个荒岛之后,为了吹嘘自己的成就,对这个荒岛进行了大肆渲染,将其描绘成一个世外桃源似的地方。这种描述果然引起了海盗费洛基·维尔格达松的注意,他决定要去这个岛上生活。

公元 872 年左右,费洛基·维尔格达松带着他的家人,从挪威出发驶向这座岛屿。到达了之后,他才发现这座岛屿并不像人们描述的那样美好,只不过是一个寒冷无比的荒岛而已,一气之下,他将这座岛屿命名为"冰岛"。

与冰岛的发现有着异曲同工之妙的是格陵兰岛。格陵兰岛是世界最大的岛,北欧海盗中最凶暴残忍的"红胡子"艾迪克和费洛基·维尔格达松一样听信了一些到过那里的人的描

冰岛的苔原风光

述,带着家人来到格陵兰。当他踏上岛屿时,也发现自己被骗了,寒冷无比的岛屿上人烟稀少。不过艾迪克十分狡诈,他为了吸引别人来这里定居,就将这座岛屿命名为格陵兰岛,也就是"绿岛"的意思。

真是令人唏嘘,作恶多端的北欧海盗,几乎每一个人都是了不起的水手,更了不起的是,他们所进行的那些令人刮目相看的航行,还成就了人类航海史上的奇迹。

海盗们意外发现的冰岛和格陵兰岛,成为人类地理学中的大发现之一。从9世纪后半叶起,挪威开始向冰岛移民,并建立议会和冰岛联邦。此后冰岛先后隶属于挪威和丹麦,不过在1904年,冰岛获得内部自治,成为独立自主的国家。其后在第一次世界大战和第二次世界大战中,冰岛先后被德国和美国、英国进驻。1946年,冰岛再次独立,加入联合国。

在地理学上,冰岛的发现和开发都是人类伟大的事业。冰岛位于北大西洋中部,靠近北极圈,全岛总面积10.3万平方千米,冰川达到8 000平方千米。

冰岛是欧洲第二大岛,海岸线长达4 970千米,全境3/4都是海拔400米以上的高原,而且还被冰川覆盖。岛内火山很多,有100多座,其中20多座是活火山,随时都会喷发。

从这一点讲,冰岛可说是冰火之国。海拔2 119米的哈纳达尔斯和努克火山是全国最高峰。实际上,冰岛整个国家都建立在火山岩石上,岛内几乎没有土地可供开垦。而且冰岛属于寒温带海洋性气候,变化无常。从冰岛的地理环境可以看出,冰岛不适宜农业生产,因此在古代人迹罕至。

可是随着地理开发,冰岛的其他优势逐渐发挥了作用。冰岛是世界温泉最多的国家,多瀑布、湖泊和河流,最长的河流长达227千米。由于受到墨西哥湾暖流影响,冰岛与同纬度的其他地方相比,温度较高,夏季日照时间长,秋冬季可见极光。所以有"冰岛不冷"的说法。冰岛人凭借自身优势,发展渔业、工业、旅游业,经济十分繁盛,今日的冰岛是一个高度发展的发达国家,人均国内生产总值排名世界第五,人类发展指数世界排名第一。

格陵兰岛虽然名为"绿色之岛",却远没有冰岛富有生机。这个世界上最大的岛屿,在北冰洋和大西洋之间,面积200多万平方千米,但全岛80%以上被冰川覆盖,4/5的面积位于北极圈内,全年气温低于0 ℃,有的地区甚至达到−70 ℃,是名副其实的"冰岛"。

格陵兰岛南北纵深辽阔,主要由高耸的山脉、庞大的冰山、壮丽的峡湾和贫瘠裸露的岩石组成,只有西海岸少数地区有少量绿地和树木,适合人类居住的面积约有15万平方千米。

由于自然条件极其恶劣,交通困难,格陵兰岛成为一些濒危植物、鸟类和兽类的避难所,富有冰晶石等矿产,水产丰富,如鲸、海豹等。

虽然人烟稀少,但格陵兰岛的景色极为壮观,可以见到极光;在沿海岸的许多地方,可以看到冰体运动、冰川断裂等现象。

小知识

戈登·柴尔德(公元 1892 年～公元 1957 年),澳裔英籍考古学家。他先后提出"新石器革命"(食物生产的革命)和"城市革命"概念,为日后农耕、家畜饲养和文明起源问题的研究奠定了理论基础。被公认为 20 世纪前期最有成就的史前考古学家。

阿拉伯帝国的扩张之路

阿拉伯人擅长航行,在航海业、造船业和帆船驾驶技术等方面都作出过贡献。他们累积了大量航海必需的地理知识和其他知识,在长期的航行过程中,他们研究和详细记述了印度洋上的季风,而且利用季风缩短了航行时间。

哈里发们历经了千辛万苦建立起阿拉伯帝国,接下来的任务就是要巩固自己对阿拉伯帝国的统治,还要满足本民族对商路和土地的要求,这就要求哈里发们要积极对外扩张,发展自己的羽翼。

第一任哈里发伯克尔对叙利亚扩张战争的胜利,激励了接下来继任的哈里发们,他们都满怀信心地展开了对其他民族的征服行动。公元 635 年,阿拉伯帝国第二任哈里发欧麦尔发动了阿拉伯历史上空前的大征服运动。

这一天,哈里发欧麦尔率领着大军从阿拉伯帝国出发前往拜占庭和波斯帝国。有"安拉之剑"之称的哈立德·伊本·韦立德将军,率领着英勇的阿拉伯战士穿过了人迹罕至的叙利亚沙漠,到达了雅穆克河畔。在那里,两军开始了激烈的战斗,英勇的阿拉伯战士一举歼灭了 5 万拜占庭大军,叙利亚的首府大马士革的城墙上,飘起了阿拉伯人胜利的旗帜,街道上响起了阿拉伯人胜利的欢呼声。

经历了短暂的胜利喜悦之后,阿拉伯人又开始了新的征程,4 万阿拉伯将士从占领的叙利亚挥师东进,这次战斗的目标是伊拉克地区。公元 637 年,哈里发的军队占领了伊拉克,将士们在伊拉克进行了胜利的狂欢之后又背起了行囊,接下来他们终于要向波斯地区逼近了。

经过几年的艰苦奋战,阿拉伯人最终于公元 642 年在卡迪亚战役中彻底击败了波斯军队,征服了已有 4 000 多年历史的波斯帝国。与此同时,西征的军队也频频报捷,公元 640 年,阿拉伯人占领了埃及。哈里发这次真的成为了亚历山大的主人。

第三任哈里发奥斯曼依然继续进行着扩张战争,他带领着阿拉伯人先后征服了亚洲的呼罗珊、亚美尼亚、阿塞拜疆以及非洲的利比亚等地区。为了配合征服行动,他还在小亚细亚沿岸建立了一支强大的海军。

经过长达 78 年的对外扩张,阿拉伯帝国的版图空前扩大。在阿拉伯帝国的统治之下,被征服地区的文明也在不断融合,最终形成了全新的阿拉伯文明。在阿拉伯人的推动下,散落的文明得以联合起来,增进了各个文明之间的交流与进步。

阿拉伯人的扩张战争,无意中促成了一次又一次的地理发现。尤其是跨越海洋作战的经历,促进了航海业、造船业和帆船驾驶技术的发展,使他们累积了大量航海必需的地理知识和其他知识。在长期的航行过程中,他们研究和详细记述了印度洋上的季风,而且利用季风缩短了航行时间。这些勇于冒险的古代阿拉伯人,在他们的地理书籍中记录下了大量海洋地理数据。

13世纪之后,阿拉伯的航海技术得到了新发展。15世纪初,郑和下西洋时,这位穆斯林后裔,雇用了阿拉伯国家的向导来为他的船队导航,而顺利到达东非。阿拉伯不乏卓越的航海家,如16世纪的伊本·马基德,出生于航海世家,以熟谙在江海大洋中航行闻名于世,被阿拉伯海员尊为"保护神"。正是有了他的指引,来自葡萄牙的达·伽马才能顺利渡过印度洋,开辟了通往印度的新航路。

在这个时期,阿拉伯航船的装备更加先进,已经拥有航海仪器如指南针、等高仪、量角仪、水陀等,还绘制了坐标、海图和对景图。随着设备越来越先进,阿拉伯航海家的活动范围也逐渐扩大,他们频繁光顾西欧沿海,非洲的东岸、北岸和西北岸,到达了亚洲的南岸和东南海域,在菲律宾、马来半岛都留下了他们的足迹。

可以说,辽阔的阿拉伯帝国培养了一大批冒险家和地理学家,他们不仅开创了地理学的很多新发现,还为后世留下了各种地理学著作,成为后人认识中亚、西亚、北非等地理概貌的经典文献。

小知识

墨卡托(公元1512年~公元1594年),荷兰地图学家。通晓数学、天文学、地理学、地形测量学,精于书法、雕刻图版等技术。他先后绘制"巴勒斯坦地图"、"世界地图"和"佛兰德地图"。1554年编制出欧洲地图,1569年首次采用正轴等圆柱投影编制航海图(世界图),这种投影后称墨卡托投影。晚年所著《地图与记述》是地图集巨著,轰动世界。

到中国拾黄金的马可·波罗

《马可·波罗游记》,是1298年威尼斯著名商人和冒险家马可·波罗所撰写的其东游的沿途见闻录。该书在中古时代的地理学史、亚洲历史、中西交通史和中意关系史诸方面,都有着重要的历史价值。

马可·波罗出生在意大利威尼斯的一个商人家庭,受父亲尼科洛和叔叔马泰奥的影响,少年时期的他就热衷于到世界各地去旅行。在马可·波罗小的时候,他的父亲和叔叔经常到东方经商,他们曾经来到元大都并朝见过蒙古帝国的忽必烈大汗,忽必烈大汗热情地迎接了他们,还让他们带回了写给罗马教皇的问候信。父亲和叔叔经常向马可·波罗讲起他们在东方旅行时的见闻,这些都在小马可·波罗的心里埋下了想要去东方旅行的种子,尤其是想去中国。

马可·波罗一行人离开威尼斯

17岁那年对于马可·波罗来说是特殊的一年,因为在这一年,他的父亲和叔叔拿着教皇的回复信和礼品,带领马可·波罗与十几位旅伴一起向着中国出发了。他们没有料到,这次的旅行之路一点都不顺利。

当他们在一个小镇上买东西的时候,被几个强盗盯上了,强盗认定了他们是有钱人,于是趁着夜深人静大家正在熟睡之际抓住了他们,并将他们关押起来。幸而马可·波罗的父亲见多识广,有勇有谋,找了个机会带着儿子逃离了匪巢,父子两人经过千辛万苦找来了救兵,打算解救同伴。可是,强盗神出鬼没,早已不见踪影。幸运的是,马可·波罗的叔叔后来也逃脱了强盗的魔爪,并且找到了他们。死里逃生之后,亲人相见,不由得激动地拥抱在一起。

尽管遭遇了如此不幸,但并没有削弱他们去东方的决心。他们匆匆忙忙地赶到了霍尔木兹,希望在那里可以遇到去中国的船只。可是事情并没有他们想的那么顺利,他们等了足足两个月,结果也没有等到一条船。水路不行,只能改走旱路,他们已经别无选择。做好了应对一切艰难险阻的心理准备后,马可·波罗和父亲、叔叔收拾行囊,踏上了东去的茫茫之旅。

他们从霍尔木兹一直向东走,穿过了荒无人烟的伊朗沙漠,跨过了陡峭险峻的帕米尔高原,一路上他们躲开了强盗、猛兽的侵袭,克服了疾病、饥渴的困扰。终于有一天,他们远远地看见了新疆。

美丽的喀什、华丽的和田玉器、硕果累累的果园,这里的一切都吸引着马可·波罗的目光,令这位第一次出远门的少年惊叹不已。在新疆短暂地停留了几天之后,他们又继续向东行进,穿过塔克拉玛干沙漠,来到古城敦煌,在这里他们瞻仰了举世闻名的佛像雕刻和壁画。接着,他们又穿过河西走廊,到达了上都——元朝的北部都城。他们再一次受到了忽必烈大汗的热情接待,大汗邀请他们向元朝的大臣讲述一路上的所见所闻,并且十分赏识年轻的马可·波罗,极力邀请他在朝廷任职。

从此,马可·波罗定居中国,融入到中国社会中。他利用到各地巡视的机会走遍了中国的大好河山,见识了中国的繁华与富有,写下辉煌巨著《马可·波罗游记》。直到 1295 年末,极度思念家乡的马可·波罗才回到了阔别十几年的家乡。

马可·波罗的中国之行及其游记,在地理学中具有重要意义。在当时的欧洲,人们把他和他的游记当做神话,认为是"天方夜谭"。无数富有冒险精神的西方人读了《马可·波罗游记》后,纷纷东来寻访中国,促进了中西方的直接交流。

在马可·波罗之前,中西方的交流主要通过中亚地区,而且交往只停留在以贸易为主的经济联系上,缺少直接的接触和了解。中国从西汉张骞通西域开始,开辟了丝绸之路,对西方进行较为积极的认识和探索,唐朝时一大批西方商人来到中国,加深了中国对西方世界的认识。西方对于中国的了解较为肤浅,多半停留在道听途说的间接接触上,因此对东方世界怀着神秘和好奇的心理。

马可·波罗在中国十几年,以其亲身经历,加上所见所闻,对中国以及西亚、中亚、东南亚各地有了较为深入的了解。在他的游记中,详细记载了当时中国的政事、战争、宫廷秘闻、节日、民俗等,尤其是元大都的经济文化、民情风俗,还有西安、扬州、苏州、杭州、福州等地的商业繁荣景象。游记第一次较为全面地向欧洲人介绍了中国,将一个地大物博、文明发达、历史悠久的中国形象展现在世人面前。

在真实的记录基础上,马可·波罗在游记中采取了略有夸张,甚至神话般的描述,更激起了西方人的好奇心,为他们打开了一扇地理之窗,掀起一股东方热、中国热。此后,数不清的欧洲人涌向东方,学习东方,进而给欧洲带来巨大变革。

首先,当时许多很有价值的地图是参考《马可·波罗游记》绘制的,许多伟大的航海家就是凭借这些地图扬帆远航,探索世界。

元世祖忽必烈出猎图

其次,《马可·波罗游记》大大丰富了欧洲人的地理知识,打破了中世纪西方神权统治的禁锢,以及传统的"天圆地方说"。

再次,《马可·波罗游记》鼓舞了一代又一代欧洲人,哥伦布、达·伽马、安东尼·詹金斯、马丁·罗比歇等伟大航海家,都是在读了此书后才踏上寻访东方之旅的,可见它对 15 世纪欧洲的航海事业起了多么巨大的推动作用。据说,当年哥伦布远航的目的地本是中国,因为他读了《马可·波罗游记》后,非常希望了解富庶的中国,没想到意外地发现了美洲大陆。

最后,毋庸置疑,《马可·波罗游记》对于促进中西方直接交流和联系的意义重大,给中世纪的欧洲带来新的曙光,而且给这个世界带来了巨大影响,是一个时代的象征,其积极作用永垂不朽。

小知识

马可·波罗(公元 1254 年～公元 1324 年),世界著名旅行家和商人。1254 年生于意大利威尼斯一个商人家庭,也是"旅行世家"。他在中国游历了17 年,回到威尼斯之后,写出《马可·波罗游记》。

葡萄牙人遭遇"杀人浪"而发现好望角

"好望角"的意思是"美好希望的海角",但最初却被称为"风暴角"。强劲的西风急流掀起的惊涛骇浪长年不断,这里除风暴为害外,还常常有"杀人浪"出现。

1487年8月,葡萄牙航海家迪亚士奉葡萄牙国王若奥二世之命,率领两艘轻快帆船和一艘运输船从里斯本出发,前往传说中的印度。这是他的第二次东方之行。迪亚士智勇双全,这一次,他怀着坚定的信心,打算探索一条绕过非洲大陆最南端通往印度的航路。

迪亚士沿着以往航海家们走过的航路,首先到了加纳的埃尔米纳,经过艰难的航行后,1488年1月抵达卢得瑞次。

不幸的是,在卢得瑞次周围,迪亚士的船队遇上了空前强烈的风暴,船员们吓得心惊胆战,无心航行。更糟糕的是,船员中流行起了疾病。这一下,船员们再也不肯继续前行,他们诅咒风暴和疾病,并开始思念家乡、思念父母妻儿,想打道回府,因此数次请求返航。迪亚士不肯就此

好望角

罢休,他多次苦心劝说船员们,最后力排众议,说服了船员们重新竖起桅杆,向南前进。

经历了13个昼夜的风暴洗礼之后,迪亚士和他的船队终于迎来了风平浪静的一刻。由于在海上漂泊日久,迪亚士对具体的方位已经失去了清楚的意识,他命令他的船队掉头向东航行,可是多日之后他们依然没有看到陆地。迪亚士这才意识到他们可能已经绕过了非洲的最南端,于是他又率领船队折向北方行驶。

1488年2月的一天,一个船员惊喜地叫起来:"陆地!我好像隐约看到了陆地。"在他的惊呼声中,大家惊异地顺着他手指的方向望去,看到了一个隐藏了多少个世纪的壮美的岬角。他们感慨着这一路的奔波,一致认同将这个岬角命名为"风

暴角"，后来达·伽马又将这个海角命名为"好望角"。

迪亚士本想继续向印度洋地区航行，但是船员们饱受航行中的折磨，都很想快点回到家乡，于是他们决定返航。迪亚士和他的船员们经过艰难的航行，终于揭开了好望角神秘的面纱，又为世界航海史掀开了新的一页。

"好望角"位于大西洋和印度洋的汇合处，在世界地理中占据举足轻重的地位，是穿梭往返欧亚之间的必经之地。这里一年四季狂风呼啸，怒涛汹涌，巨浪一般在6米以上，有时高达 15 米左右，在 14～15 世纪成了航海家们需要征服的对象。

这个地方常年受西风急流的影响，惊涛骇浪从未间断过。有的航海家将这里的浪称为"杀人浪"，这种浪不同于一般的海浪，在风大的时候，浪头如同悬崖峭壁，后部则像缓缓的山坡，海浪可高达 15～20 米。而且好望角又靠近南极，当极地风肆虐的时候，海浪的情况更加复杂，因此这个地方一直是航海家们最害怕的地段，"杀人浪"会随时吞没船只，要了他们的命。

好望角的发现，为西方各国进入富庶的东方，打开了一扇方便之门。在苏伊士运河开通之前，这是欧洲进入东方的唯一通道。许多船只在这里补充淡水和食物或进行检修。直到今天，每年仍有三四万艘巨轮通过好望角。西欧各国的粮食、战略资源、石油的运输都要通过这里。

关于好望角的"杀人浪"，科学家经过多年研究认为，巨浪除了与大气环流特征有关外，还与当地海况和地理环境关系密切。好望角处于西风带上，西风强劲有力，11 级大风司空见惯。同时，南半球地域小而水域辽阔，有"水半球"之称，好望角接近南纬 40°，从此直到南极圈，是围绕地球一周的大水圈。在辽阔的海域，海流突然遇到好望角陆地阻挡，形成巨浪，就是理所当然的事情。

小知识

　　巴尔托洛梅乌·缪·迪亚士(约公元 1450 年～公元 1500 年)，葡萄牙著名的航海家。他于 1488 年春天最早探险至非洲最南端好望角的莫塞尔湾，为后来另一位葡萄牙航海探险家达·伽马开辟通往印度的新航线，奠定了坚实的基础。

哥伦布发现新大陆

新大陆是欧洲人于 15 世纪末发现美洲大陆及邻近的群岛后,对这片新土地的称呼。在发现新大陆前,美洲大陆对欧洲人来讲是陌生的,他们普遍认为整个世界只有欧、亚、非 3 个大洲,而没有其他大陆的存在。

哥伦布出生于意大利,从小喜欢地理的他,似乎就已经和航海结下了不解之缘。少年的时候,哥伦布偶然读到了一本地理学方面的书,上面讲到地球的形状,说地球是圆形的。哥伦布喜出望外,假如真的像书上说的那样的话,他从欧洲出发一直向西方航行应该就能够到达他一直向往的东方国家。

公元 1476 年,哥伦布满 24 岁,年轻气盛的他开始策划航海去东方的事情。他向葡萄牙国王建议,由葡萄牙政府出资提供船只和人员,去探索前往东方印度和中国的海上航线,以便于以后和东方国家的贸易往来。但是当时的很多教授和哲学家都讥笑这个年轻人,他们不相信一直往西方走就能够到达东方国家,认为哥伦布的话简直就像是梦话。

尽管被一群所谓的专家否定了,但是哥伦布依然坚持自己的观点,他相信终有一天他能够在海上开辟出一条航线到达东方国家。1485 年,哥伦布移居西班牙,他继续宣传想要西行的主张。罗马教皇看到了哥伦布所做出的努力,于是答应哥伦布劝说西班牙王后来帮助他完成心愿。教皇还送了哥伦布一些银币,作为去见王后的路费。哥伦布用教皇给他的钱买了一套衣服、一匹驴,一路上靠着乞讨来到了西班牙王宫。

西班牙王后听了哥伦布的想法之后,并没有完全被他说服,但因为罗马教皇出面劝说了,所以王后就给了哥伦布 3 只船,只是没有水手愿意为了一个不知道能不能实现的目标而冒生命危险。哥伦布没有办法,只得到海边上去找一些渔民,用他的三寸不烂之舌说服了几个人跟着他一起出海。人手还是太少,后来哥伦布想了一个办法,他央求王后释放一些监狱中的死囚犯,并且答应如果航海成功让他们重新获得自由。

就这样,哥伦布带着 87 名船员,驾驶着 3 只船从巴洛斯港出发了。一路上,他们与惊涛骇浪搏斗,终于有一天,他们第一次到达了陆地上,就是巴哈马群岛和古巴、海地等岛屿。他们欣喜若狂地返航回到了西班牙,西班牙王室听到了他们航行

哥伦布在港口

成功的好消息都十分惊讶。

国王和王后设宴欢迎这位航海英雄，给予他最高的礼仪待遇。这引起了一些人的不满，他们认为这不是什么了不起的事，纷纷嘀咕："这有什么稀奇，这是最简单的事情而已。"

哥伦布听到人们的议论，没有作出直接回答，而是从餐桌上拿起一枚鸡蛋，当众说："先生们，请问谁能把这枚鸡蛋竖起来？"那些对他不满的人走上前，一个个去试，结果都没成功，并说："这是不可能的事。"

哥伦布不言不语，拿起鸡蛋在桌子上轻轻一磕，轻松地把鸡蛋竖立了起来。然后，他望着众人说："先生们，还有什么比这更容易呢？可是你们却说不可能，其实这才是世界上最简单的事。谁都可以办得到，不是吗？"

哥伦布的发现，是地理学和人类历史的一个重大转折点，开启了新大陆开发和殖民的新纪元。15 世纪，欧洲通商贸易四通八达，经济高速发展，人口急剧膨胀，这一局面不可避免地产生和刺激了探险活动。

其实早在哥伦布之前，就有其他人到达过美洲，并在此居住。有证据证明其他文明曾到过美洲，比如在美国和墨西哥境内发现的古希腊和罗马钱币和陶器；在美国大峡谷发现的古埃及文物，都远远早于哥伦布登陆美洲。不过，这些文明在美洲都没有形成太大影响。

哥伦布发现美洲大陆，适合了欧洲当时的需求，为他们开辟了一块移民的场所，也为欧洲经济提升提供了矿石和原材料。新航路的开辟，推动了世界各地的交流，此后，美洲的橡胶、玉米、烟叶、可可、番薯、马铃薯等物产，源源不断地传遍世界各地。欧洲的大麦、燕麦和水稻以及牛、骡、马等牲畜，也逐步进入美洲。东、西方文明的交流完全打开，从另一个角度讲，也造成了印第安人文明的毁灭。

小知识

斯文·赫定（公元 1865 年～公元 1952 年），瑞典探险家。他从 16 岁开始，便从事职业探险生涯，发现了楼兰古城，并填补地图上西藏的大片空白。

麦哲伦环球航行证实地圆学说

麦哲伦的船队渡过了大西洋、南美洲火地岛,穿越麦哲伦海峡进入太平洋,实现了从西方向西航行到达东方的计划。这次历时 3 年的航行,用实际行动证明了地球是圆的。

哥伦布探索到了"新大陆",这一消息一经传出就轰动了整个西欧,很多国家都纷纷派遣航海家去探索这块新发现的土地。就这样,航行在大西洋上的船队越来越多,人们对地球的了解也越来越深入。

哥伦布去世之后,西班牙统治者找到了他的继任者——探险家巴尔波。巴尔波在哥伦布去世 7 年后,率领着一支船队浩浩荡荡地开往了中美洲的巴拿马地区。他和船员们在巴拿马登陆之后就继续往西走,历经千难万险,穿过了原始森林,跨越了雄伟陡峻的高山。

有一天,一个船员惊异地叫着:"看,那是大海!"所有的人都很惊讶,原来在"新大陆"的西面是无边无际的大海!巴尔波欣喜若狂地冲进海水里,不顾海浪的拍打,大声向海洋喊着:"这片广阔的大海和海中的所有的陆地和岛屿都将成为西班牙的领土。"

巴尔波航行的脚步就停在了这里,但是他预言:"继续西行的话一定能够到达中国和印度。"然而巴尔波没有意识到,这个大洋要比大西洋大得多。后来葡萄牙人麦哲伦继续了新航路的探索事业。

1519 年 9 月,麦哲伦率领 5 艘航船,从西班牙的塞维利亚码头出发踏上了探索新航路的征程。麦哲伦按照过去的航海家开辟好的航路横穿了大西洋,到达巴西地区,接下来,他率领船队沿着巴西东海岸南下,一直将船到到南美洲最南端的一个海峡。在这里,麦哲伦的船队遇到了前所未有的艰难,他们碰上了长达一个月之久的暴风雪天气。暴风雪每天在海面上肆虐,翻卷的海水就像是一个魔鬼,要吞噬所有靠近它的人。麦哲伦只得在陆地上等待,终于一个月过后,天气转晴了,他们看到了蔚蓝的天空和平静的海面。

麦哲伦的船队继续向着哥伦布口中的"大南海"前进,他们做好了应对一切狂风大浪的心理准备,却没有想到这里的海面异常地平静,因此麦哲伦将这个大洋称为"太平洋"。太平洋十分宽广,连续航行了 98 天的船队还没有看到陆地。疲惫不堪的船员们饱受着饥饿和疾病的折磨,他们渴望一块大陆的出现。

终于有一天,他们看到了陆地,就是菲律宾群岛。不幸的是,麦哲伦在与当地居民的一次恶战中死去了,仅剩的船员们决定完成麦哲伦的心愿。他们驾驶着剩下的唯一一艘船继续西行,越过了印度洋,绕过好望角,最后终于到达了他们的故乡,这时候距离他们出发已经3年了。尽管最后只剩下18个人和一艘船,但是麦哲伦的船队却用自己艰难的实际行动证明了地圆说的正确性。

麦哲伦是葡萄牙著名的航海家,首次完成了环球航行。在这次航行中,他渡过了大西洋、南美洲火地岛,穿越麦哲伦海峡进入太平洋,实现了从西方向西航行到达东方的计划。这次历时3年的航行,用实际行动证明地球是圆的。不管从西往东,还是从东往西,都可以围绕地球一周回到原地。

关于地圆学说,可以追溯到古希腊时代。公元前6世纪毕达哥拉斯首次提出这一概念,公元前3世纪,埃拉托斯特尼确立地球概念。公元前2世纪,希腊地理学家托勒密在《天文学大成》中证明地球是圆形的,这些理论都是认识地球的重要成果,不过仅限于理论阶段。

直到12世纪,文艺复兴后,人文主义者重新发现了古希腊的这些学说,相信地球是圆形的,并开启了航海远行的地理发现之旅。这才有了哥伦布的远航和麦哲伦的环球航行。

麦哲伦用实际行动证明地球是圆的,进而促进新宇宙观的形成,意义重大,推动人们直接观察和研究大自然。人文主义者在地圆学说的影响下,开始批判天主教会和神学,主张理性和科学,冲破长期以来神学的禁锢,为自然科学开辟了道路。

小知识

费迪南德·麦哲伦(公元1480年～公元1521年),葡萄牙著名航海家和探险家,被认为是第一个环球航行的人。他率领船队从西班牙出发,绕过南美洲,发现麦哲伦海峡,然后横渡太平洋。虽在菲律宾被杀,但他的船队继续向西航行回到西班牙,完成了第一次环球航行。

墨西哥遭到蹂躏

　　墨西哥境内多为高原，一年四季草木长青，故有"高原明珠"的美誉。1519 年，西班牙人入侵墨西哥，开始了长达 300 年的殖民统治。

　　1519 年 4 月，荷南·科尔蒂斯在墨西哥登陆了，这对于墨西哥来说是一个厄运的开始。然而身为一个冒险家，荷南·科尔蒂斯刚刚上岸就下令焚毁了所有的船只，断绝了士兵的后路，占领不了墨西哥他们就没有办法回到故乡。

　　荷南·科尔蒂斯精心策划好了一场战争，墨西哥将要面临前所未有的巨大挑战。1519 年 11 月 8 日，是荷南·科尔蒂斯的计划正式实施的一天。这天，荷南·科尔蒂斯来到了阿兹特克的首都阿诺奇蒂特兰，蒙特苏马还亲自到城门迎接，他当时怎么也不会想到他们迎接的这个人即将成为墨西哥的统治者。

墨西哥阿兹特克的太阳石

　　来到了阿诺奇蒂特兰的科尔蒂斯和他的船员们对这里的繁华目瞪口呆，这更加激起了他们想要占有它的欲望。

　　荷南·科尔蒂斯计划的第一步就是要将把蒙特苏马囚禁起来，尽管之前他们还受到了蒙特苏马的礼遇。失去了最高的军事和宗教领袖之后，印第安人很快就陷入了混乱的状态。

　　而这时候的蒙特苏马为了保全自己的性命，却置国家利益于不顾，他宣布召开酋长会议，要求他们效忠西班牙国王和荷南·科尔蒂斯，他还下令抓起主张抵抗西班牙军队的人，最后竟然还将自己父亲的宝藏拿来效忠西班牙政府。

　　荷南·科尔蒂斯稳定了阿诺奇蒂特兰的局面之后就去对付古巴，凭借着精锐的远征军，他们很快就打败了古巴。当他们凯旋回到阿诺奇蒂特兰的时候，情况似乎起了变化。

　　留守的西班牙士兵在阿诺奇蒂特兰无恶不作，他们在一次祭祀活动中滥杀无辜，当场杀死 600 名高级酋长和 3 000 名平民，激起了民愤，一名祭司领导当地的百姓发起了反抗行动。

起义者将西班牙人围困在王宫里,这时候,荷南·科尔蒂斯搬来了蒙特苏马这个救兵。但是百姓已经不买蒙特苏马的账了,蒙特苏马在一次演说中要求人民停止斗争时,被石块打中头部要害,不治身亡。

荷南·科尔蒂斯看见情况不妙就赶紧想办法逃走,1520年6月30日,荷南·科尔蒂斯趁雨夜沿特斯科科湖堤逃跑,而他的这一计策早就被印第安人看穿了。在印第安人的两面夹击下,西班牙军队损失惨重,这就是西班牙历史上有名的"悲伤之夜"。

荷南·科尔蒂斯不甘心就这样回到西班牙,于是又精心策划了复仇计划。在荷南·科尔蒂斯的怂恿下,墨西哥城出现了一大批的叛徒,他们为荷南·科尔蒂斯的军队提供最好的后勤支持,尽管年轻的阿兹特克皇帝考特木克率领着起义军誓死保卫首都,但是阿诺奇蒂特兰依然被西班牙的铁蹄碾碎。最终西班牙统治了阿兹特克,并将阿诺奇蒂特兰改名为"墨西哥城"。

墨西哥是中美洲最大的国家,位于北美洲南端,拉丁美洲西北部,连接南北美洲,素有"陆上桥梁"之称。墨西哥境内多为高原,一年四季草木长青,故有"高原明珠"的美誉。

墨西哥地理环境、气候复杂多样,资源丰富,在古代就培育出了玉米,而且盛产石油、白银。在惨遭西班牙侵略之后,长达300年的时间内,沦陷为殖民地。直到1810年,才开始反抗侵略的独立战争,并最终取得胜利,建立起墨西哥联邦共和国。

小知识

荷南·科尔蒂斯(公元1485年~公元1547年),早期殖民时代活跃在中南美洲的西班牙殖民者,以摧毁阿兹特克古文明,并在墨西哥建立西班牙殖民地而闻名。

发现印加帝国

印加帝国相当于今天南美的秘鲁、厄瓜多尔、哥伦比亚、玻利维亚、智利、阿根廷一带,帝国的重心区域分布在南美洲的安第斯山脉上,有着明显不同的地形和气候。这里不仅有沿海沙漠带,还有高耸的山峰和肥沃的峡谷,以及热带雨林。

印加帝国曾经创造了高度的文明,然而自从西班牙人踏上了这片土地之后,印加帝国便急剧衰落。然而印加帝国的辉煌在一瞬间就崩溃的原因,并不仅仅是西班牙人的侵略,可以说西班牙人是幸运的,他们赶上了很多巧合的机会。

1525年前后,印加帝国的君主瓦伊那·卡帕克不幸得了天花,不治而死。一下子失去君主的印加帝国有些混乱,王宫中王位的争夺更是你死我活的较量。两个同父异母的兄弟瓦斯卡和阿达瓦尔帕在战场上争得你死我活,最后,阿达瓦尔帕凭借着多年沙场的经验战胜了哥哥瓦斯卡。王位的争夺终于告一段落,但是印加帝国在军事和经济上都已经元气大伤。

1531年的一天,西班牙人皮萨罗接受西班牙国王的命令带了200个左右的人从西班牙港口起航,开始了对拥有600万人口的印加帝国的征服历程。然而区区200西班牙人怎么可能穿越重兵把守的要塞呢?

原因就是印加人的天真与贪婪。他们的新君主阿达瓦尔帕担心来到这里的西班牙人会威胁到他们的城市,于是便派了几个人去跟西班牙人会面,打探他们来印加的目的。前去打探的人回来之后开始叙述所谓的"真相",他们说这些西班牙人不是军人,是来观光的。君主阿达瓦尔帕相信了他们的话,然而让人不可思议的是,西班牙人竟然仅仅用了一件衬衫、两个威

印加城池遗址

尼斯玻璃高脚杯就贿赂了前来打探的印加人,让印加人对他们的君主撒谎,这个谎可真成了一个弥天大谎,害惨了印加帝国。

阿达瓦尔帕天真地邀请皮萨罗去他的王宫做客,在会面的过程中,阿达瓦尔帕看上了西班牙人的马匹。于是他打算在接下来的会面中活捉皮萨罗,将这些白人拿去祭祀,然后将马留下来养育繁殖。然而当阿达瓦尔帕有这个打算的时候,皮萨罗早就设计好了第二次会面中的行动。

终于到了第二次会面的时间,一个牧师走到了阿达瓦尔帕的面前,企图劝说他信奉基督教,阿达瓦尔帕万万没有想到这是西班牙人进攻印加的一个信号。

惨烈的屠杀就这样拉开了序幕,西班牙人首先用两门大炮轰击印加人的仪仗队,接着 200 名士兵一路砍杀,手无寸铁的印加百姓一个个倒下。不到 1 个小时,3 000 印加人死亡殆尽,一个伟大的民族,被一支由 200 人组成的军队灭亡了。

印加帝国惨遭屠戮,从此退出了历史舞台。这个曾经有过高度文明的古国,其版图大致位于今天南美的秘鲁、厄瓜多尔、哥伦比亚、玻利维亚、智利、阿根廷一带,是美洲最大的古国之一。帝国的重心区域分布在南美洲的安第斯山脉上,有着明显不同的地形和气候。这里不仅有沿海沙漠带,还有高耸的山峰和肥沃的峡谷,以及热带雨林。

为了保持帝国各个城邦的交流,印加人修建了大量道路,穿插在安第斯山脉、热带雨林和河流之间。没想到,这些道路为西班牙征服者提供了便利,使他们轻松地消灭了各个城邦。

印加帝国通行的官方语言是印第安语,但是在整个帝国至少有 20 多种地方语言。据考古发现,当时印加帝国已经有了青铜器皿和刀、镰、斧等劳动工具,冶炼铸造技术相当精巧。而且印加人还发明了先进的农业灌溉系统,在建筑技术、医学、织布和染色方面,都有较高的造诣。

小知识

　　于钦(公元 1283 年～公元 1333 年),中国元代方志编纂家、历史地理学家、文学家。所著《齐乘》,是山东现存最早的方志,也是中国名志之一,久负盛誉。

英国人开辟大西洋西北通道

约翰·戴维斯发现了戴维斯海峡、坎伯兰湾、加米尔顿湾、霍尔半岛,以及其他一些小岛。在探险中,他深入到北纬73°的地区,迄今为止,还没有人在西北通道超越这一点。

英国人一直渴望能够寻找到西北通道进行国际贸易,从中赚取大量的黄金和白银,而伦敦的一些商人响应了国家的号召要组成一个船队进行远洋探险,寻找西北通道。担任探险队领导的就是十分精通航海技术的约翰·戴维斯。

1585年7月,约翰·戴维斯率领船队航行到了格陵兰岛东南沿岸,但是他并不能确定眼前的这个岛屿是不是格陵兰岛,只看见这座岛屿上有一座高山。白雪覆盖了岛屿上的整个地面,就连海岸边的海水都被冻得死死的。

岛屿及其周围就像被冰天雪地包围了一样,到处都是一片沉寂。海水的

颜色又黑又混浊,俨然一片死水的景象,所以称这是一块“绝望之地”。在这个岛上停留了几天之后船队又开始了征程,他们继续向西北航进,在北纬64°线附近,发现了一个优良的港湾,就是现今的戈萨普港。

8月初,约翰·戴维斯带领着他们的船队再一次驶进大海,他们驾船朝西北方向行进,航行了一段时间之后他突然发现自己向北走得太远了,于是调整了航向开始向南航行。

他沿着异常弯曲的海岸线一直向南航行,最后到了一个海湾,他继续朝着这个海湾往里走,然而海湾似乎没有尽头,还变得越来越狭窄了。约翰·戴维斯兴奋不已,他以为他已经找到了西北通道了,就急急忙忙带着这个“好消息”回到了英国。

接下来的两年里,约翰·戴维斯又率领船队到了这个海湾,希望能够找到通往中国的海峡,然而他后来的航行只是证明了他之前的判断是错误的。约翰·戴维斯的两次探索都以失败而告终。

给约翰·戴维斯的船队提供装备的伦敦商人对他的航行结果十分失望,因为

约翰·戴维斯的两次航行都没有带回任何有价值的东西,但是当时的约翰·戴维斯却为自己找了一个借口,他说他曾经在那个海峡里发现了许多巨鲸和海豹,商人们可以依照他提供的路线去捕捉。这些人一听有利可图就答应负责提供约翰·戴维斯第三次出海的装备。

　　这一次,约翰·戴维斯下定决心一定要把握好机会,因此他将两艘船留在格陵兰的西南海岸边,并且命令这些人用最有效的方法来捕捉鲸鱼和海豹,他自己则带领着两艘船继续寻找西北通道。这一次,皇天不负苦心人,经历了几个月的航行之后,他找到了通往中国的西北通道。

　　自从英国人开始在北美地区积极殖民后,也开始了在西北地区的航海探索,并先后取得重要成就,他们发现了一些小岛和海湾,接触到爱斯基摩人,并且开始研究浮动冰山。

　　约翰·戴维斯在前人基础上,3 次探险西北通道,取得的地理成就主要有:发现了戴维斯海峡,从格陵兰到北纬 72°的西海岸,还有北纬 72°以下的巴芬岛东海岸和北纬 52°以上的拉布拉多东海岸,虽然其中有些属于重新发现和考察的范畴,但仍然具有重要意义。

　　约翰·戴维斯在 3 次探险中,深入到了北纬 73°的地区,迄今为止,还没有人在西北通道的探险中超越这一点。

小知识

　　范杜能(公元 1783 年～公元 1850 年),德国经济学家,边际生产率说的前驱,被认为是经济地理学和农业地理学的创始人。主要著作有《孤立国同农业和国民经济的关系》(简称《孤立国》)3 卷。

三角贸易

三角贸易主要指 17～18 世纪的欧美商人将廉价工业品（枪支等）运到非洲换取奴隶，接着把黑奴运到美洲卖掉，再从美洲购回生产原料（金银、工业原料），制成商品再运到非洲以换取奴隶的循环贸易活动。因为在欧洲西部、非洲的几内亚湾附近、美洲西印度群岛之间，航线大致构成三角形状，故称"三角贸易"。

臭名昭著的"三角贸易"是从航海家霍金斯开始的。霍金斯出生在英国西南部德文郡普利茅斯的一个商人水手家庭，父亲威廉·霍金斯是当时有名的大商人，1530 年就开创了英国与巴西间的海上贸易，这样的家庭对霍金斯的人生产生了很大的影响。

1554 年，霍金斯的父亲去世了，他自然而然地继承了父亲的事业，开始从事到西班牙和加那利群岛的贸易，这些贸易活动让霍金斯累积了很多财富。在一次贸易中，霍金斯偶然得知西班牙在西印度的殖民者需要大量的奴隶从事劳动，于是他就有了从事黑奴贸易的想法。

1559 年，霍金斯娶了海军财务官本杰明·冈森的女儿凯瑟琳·冈森，这样霍金斯的势力就更加壮大了。他策划好了进行奴隶贸易的计划，在资金上又得到了岳父及其同僚的支持。于是，霍金斯在 1562 年 10 月顺利地组成了一个船队出海，开始了他第一桩奴隶贸易的生意。

伊丽莎白女王画像

霍金斯的船队由 3 艘船组成，其中最大的"萨洛蒙"号排水量为 120 吨，优越的航行条件促进了生意的顺利进行。霍金斯对于将要到达的非洲的路线并不是很了解，所以他在加那利群岛的特内里费岛找了一名西班牙人作为自己船队的领航员，然后向着几内亚海岸行进。

在几内亚地区，霍金斯顺利捕获了 300 名黑人，并将其弄上了他的航船。这些可怜的黑人就这样成为了霍金斯的"活货物",被船载着穿过大西洋,卖给了西班牙殖民者,霍金斯从西班牙殖民者那里得到了大量的兽皮、生姜、糖和珠宝。

伊丽莎白女王一开始并不支持霍金斯这种令人谴责的行为,但是当霍金斯告诉女王他一次贸易所得的利润时,女王很快便改变了主意。在霍金斯第二次出海进行"三角贸易"的时候,伊丽莎白女王甚至和她的几名枢密院官员联合投资霍金斯的船队,希望得到霍金斯贸易利润的分成。

伊丽莎白女王对"三角贸易"的支持,使得这种贸易更加合法化,也促使更多的英国人参与到黑奴贸易中去。但是"三角贸易"给非洲人带来了巨大的灾难。

三角贸易的过程为:欧洲本土起航→非洲(购买黑奴)→美洲(出售黑奴,其中获取暴利:白银、烟草等经济作物)→回到欧洲本土(发展资本主义)。

这种贸易为何能够顺利进行?从地理学分析发现,在哥伦布发现新大陆之后,欧美之间开辟了新航线。那时商业贸易在迅速发展,从世界范围看,欧亚两地最为发达,可是在西欧和北欧的人看来,亚洲遥不可及,而美洲和非洲要近得多。于是,"三角贸易"有了地理位置上的便利。当时,葡萄牙、西班牙和英、法等国家忙着殖民扩张,在美洲开辟种植园,开发金银矿,需要大量的廉价劳工。就这样,在利润驱使下,殖民者贪婪地盯上了未开化的非洲大陆,开始罪恶的奴隶贸易之旅。

另外,从地理环境上看,由加那利寒流、几内亚暖流、北赤道暖流、墨西哥暖流、北大西洋暖流组成的三角形形状的环流,为三角贸易提供了有利的航运条件。在这一海域内,奴隶贩子们不管出航还是归航,都能顺风顺水,航行危险很小,刺激奴隶贸易速度加快。

同时,美洲适宜的气候条件以及丰富的矿产资源,都促使种植园和采矿业迅速发展,产生巨额利润,当然会有力地推动三角贸易进行,在客观上为三角贸易提供有利的地理条件。

小知识

约翰·霍金斯(公元 1532 年～公元 1595 年),英国 16 世纪著名的航海家、海盗、奴隶贩子。他是伊丽莎白时代重要的海军将领,对英国海军进行的改革是战胜西班牙无敌舰队的重要因素之一。

探索北美新大陆

加拿大拥有世界上第二大国土面积——998万平方千米,受西风影响,大部分地区属于温带大陆性气候,北部属于北极苔原气候。在地理区划上,加拿大有五大地理区,分别为东部大西洋区、中部区、草原区、西海岸区和北部区。

自从探险家们探索到北美新大陆之后,这里就成为很多欧洲国家想要征服的对象,因为此地有着丰富的自然资源和宜人的气候环境。发现了这样一块风水宝地之后,葡萄牙、西班牙、英国等都纷纷来到这里,企图占有它。

1524年,法国人也开始了对北美大陆的探索,第一位到达加拿大的法国人名字叫做基瓦立尼,紧接着探索北美的就是萨缪,但是探索北美最著名的却是贾奎·卡蒂埃。贾奎·卡蒂埃是一位伟大的探险家,当接到法国统治者的命令要到北美探险的时候,他十分高兴。

到达北美之后,贾奎·卡蒂埃开始到北美的各个地方去探索,企图找到矿产或者其他珍贵的自然资源。有一天,贾奎·卡蒂埃来到了一个土著聚居的地方,虽然他们没有共通的语言,但是凭借着肢体语言,他们进行着交流。当贾奎·卡蒂埃问这里是什么地方的时候,当地人回答说是kanata,在他们的语言中,这个词语的意思是"人群居住的地方"、"村庄",后来这个词就成为了这个地方的名字——加拿大。这些土著居民都很热情,他们将当地的土特产拿出来送给了这些来自远方的客人,贾奎·卡蒂埃也将他从法国带来的工业品送给他们。

贾奎·卡蒂埃对新大陆的探索是从圣劳伦斯河开始的,他们将探险队分成几支队伍,然后每一支队伍都从圣劳伦斯河口出发,逆流而上进入到美洲大陆的腹地。探险者探索出新的地方之后在法国宣传说加拿大是一个好地方,因此吸引了一大批法国人移居到加拿大,他们大多数聚集在圣劳伦斯河河谷地域,以开垦土地种植农作物为生。移民到加拿大的法国人后来也渐渐与加拿大的土著居民融合,并且创造了一种新的北美文化。

16世纪,英、法在北美地区的探险发现使加拿大沦为他们的殖民地。加拿大本来是印第安人和因纽特人的居住地,这里位于北美洲北部,东临大西洋,西濒太平洋,北靠北冰洋,南接美国,西北与美国的阿拉斯加接壤,东北隔着巴芬湾与格陵兰岛隔海相望。加拿大东部为丘陵地区,南部地势平坦、多盆地,西部为山区,有许多海拔 4 000 米以上的山峰,北部是北极群岛。

1867 年,加拿大成为英国最早的自治领地。1931 年,加拿大成为英国的联邦成员国。如今的加拿大,获有外交独立权、立法权、立宪、修宪的全部权力。

小知识

瓦尔特·彭克(公元 1888 年～公元 1923 年),德国地理学家。他提出"地貌演化学说"、山麓阶梯概念、大褶皱在地貌形成中的作用及相关的沉积方法、"山坡平行后退理论"等,并著有《地貌分析》等书。

在亚马孙河的探险与发现

亚马孙河是世界第一大河,长度、流量和流域面积都是世界第一,从秘鲁发源,流经 7 个国家,最后注入大西洋。

亚马孙河至今仍然是一条充满神奇色彩的河流,不仅是因为亚马孙河的长度和流域面积,还因为许多关于亚马孙河的各种传说和争论至今都没有停息。世界上的大河很多,如尼罗河、长江以及密西西比河等,人类对于这些河流的探索都是有计划、有目标的,然而亚马孙河的发现却是出于一个偶然,这也是亚马孙河有着神秘色彩的原因之一。

巴西最早的统治者葡萄牙人,并没有发现亚马孙河,而亚马孙河的发现要感谢的是西班牙人。是西班牙人一次"偶然"的探险经历,向世人揭开了亚马孙河神秘的面纱。

西班牙人弗朗西斯科·奥雷连纳是西班牙探险家贡萨洛·皮萨罗的助手,他跟随着贡萨洛·皮萨罗到南美大陆去寻找新的黄金产地。他们在公元 1540 年翻过了雄伟的安第斯山脉,到达了亚马孙河的一条支流——纳波河附近。在这里他们发现了一种价值连城的桂树,为了寻找"桂树王国",他们打算沿着纳波河继续往下游走,然而下游的环境越来越恶劣,很多船员得了当地的传染病,人员大量减少。

亚马孙河入海口

于是贡萨洛·皮萨罗派弗朗西斯科·奥雷连纳率领一批身体比较强壮的船员,组成了一支船队继续往下游走,进行探路和寻找给养地,剩下的人原地留守。然而他们一去却没有返回船长的驻地。

原来纳波河水流湍急,没过多长时间,他们的船只就被冲到了很远的地方。当时又在下雨,他们不可能逆水航行了,于是只能选择继续前进,希望能够到达大海。虽然他们携带的地图上,并没有标明这里有一条能够注入大西洋的河流,但是奥雷连纳认为只要他们继续前行,就一定会到达这条河的入海口,只是时间问题而已。

有一天,他们航行到了马拉尼翁河河口。在这里,一条非常大的河流出现在他们的面前,在地图上根本就没有这样一条河流,他们顿时震撼了。他们以为很快就会到海洋了,进入了这条河就是即将进入海洋的象征。但是时间一天一天过去了,他们没有见到海洋的任何踪迹,看到的只是一条又一条的小河流入了这条大河。

殊不知,他们就这样触摸到了亚马孙河,弗朗西斯科·奥雷连纳的名字就这样和亚马孙河连在了一起,载入了大河探索史。

亚马孙河是世界第一大河,长度、流量和流域面积都是世界第一,从秘鲁发源,流经 7 个国家,最后注入大西洋。亚马孙河全年水量丰富,流域内大部分地区为热带雨林气候,降水量十分充沛,水流淤积的淤泥滋养了 65 000 平方千米的区域,著名的亚马孙热带雨林就在该河流域之内。而且这里还有世界上最大的平原——亚马孙平原,地势低平坦荡。

亚马孙河流域蕴藏着世界上最丰富的生物资源,多达几百种,其中淡水观赏鱼闻名世界,是鱼类观赏者和生物学家们关注的热门地点。

亚马孙河自西向东流,上游长达 2 500 千米,分为上、下两段。其中上段落差达 5 000 米,山高水急,形成一系列激流瀑布;下段进入亚马孙平原,流速缓慢,河道变宽,至末端达 2 000 米之宽。

亚马孙河中游长约 2 200 米,在巴西北部,河宽 3 000 米,河道呈网状分布,两岸河漫滩宽 30～100 千米,地势低下,支流众多,呈羽状分布。到了末端,河宽 11 千米,河深 99 米。

亚马孙河下游长约 1 600 米,时而水急河窄,时而水深河宽。河漫滩上水网如织,湖泊星罗密布。在入海口附近的河宽达到 330 千米,大西洋的海潮可以溯流而上,有时候甚至会深入 1 600 千米。

小知识

　　弗拉基米尔·尼古拉耶维奇·苏卡乔夫(公元 1880 年～公元 1967 年),前苏联植物学家、林学家、地理学家,生物地理群落学的创始人和植物群落学的奠基人之一。他所撰写的关于沼泽学、树木学、地植物学、苏联植被史和植物分类等的著作,在实践中均得到了广泛的应用。

极地探险与考察

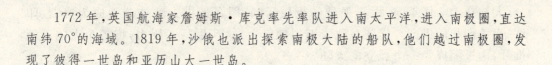

    1772年,英国航海家詹姆斯·库克率先率队进入南太平洋,进入南极圈,直达南纬70°的海域。1819年,沙俄也派出探索南极大陆的船队,他们越过南极圈,发现了彼得一世岛和亚历山大一世岛。

    罗尔德·亚孟森是世界探险史上一个充满传奇色彩的人物。1872年出生于挪威的亚孟森,从小就和航海结下了不解之缘,他在上中学的时候就对航海探险充满了兴趣,并且累积了很多关于航海探险的知识。从那个时候起,亚孟森就立下了要做个极地探险家的远大志向。

    1893年的一天,正在上课的亚孟森不顾朋友的劝阻离开了校园。他跑到一艘捕海豹船上当水手,凭借着丰富的知识,亚孟森很快就掌握了水手的工作要领,不久之后,表现良好的亚孟森被破格提拔为大副。1896年,亚孟森终于通过了领航员资格考试,并成为了"比利基卡"号探险船的领航员,赴南极探险,只是这次在南极遇到了浮冰,没有顺利完成考察任务。

    亚孟森并没有满足于这一次的南极探险,他开始筹划寻找前往北冰洋的航线。于是他专程到德国学习了半年有关地磁观测和分析的方法,这些新的知识让亚孟森受益匪浅。学习结束之后,亚孟森立刻回国准备前往北冰洋,他买了一艘旧船,找了6名志同道合的水手就开始了航行。

    然而,他们到达北极圈内的威廉岛时已经是10月下旬,北冰洋开始了漫长的极夜。无奈之下,他们只得找一个平静的海湾抛锚过冬。然而度过了漫长的冬天之后,气温却没有他们想象的那样回升得很快,他们一直等到第三个夏天的来临。那个夏天他们顺利穿过了白令海峡,完成了从北冰洋到太平洋的航行。他开辟了一条从大西洋经北美洲北部沿海到太平洋的航道,这条航道是几百年来探险家们都在追求的目标,最终让亚孟森完成了。

    回到挪威之后的亚孟森一刻都没有停息,他又开始准备接受新的挑战——沿着他原来探索到的路线向南极点进军。而此时,另一个英国的探险家斯科特也在准备奔向南极点,两个人开始了南极点第一人的争夺战。

    亚孟森凭借着丰富的经验,顺利到达了距离南极极点还有550千米的地方,这时他做出了大胆的决定,杀死了一部分从祖国带来的狗,以便轻装前进和保证食物供应。1911 年 12 月 14 日,他们终于到达了南极极点,他们欢呼雀跃,声音响彻南极上空。逗留了三天三夜后,他们开始返回日夜思念的祖国。

19 世纪,极地探险活动进入新一轮高峰期,人类不满足于在北极取得的成就,开始进入南极考察。南极是地球上的最南点,是地球上最高的大陆,面积约为 1 239 万平方千米。这是人类最后发现的一块陆地,原来是冈瓦讷古大陆的一部分,大约在 1.5 亿年前,由于强烈的板块运动,冈瓦讷古大陆被分裂成为澳洲、印度、南美洲和南极洲。岩浆在地壳破裂地带上涌,产生巨大压力,将各个大陆逐渐推开,南极洲成为一个孤立的大陆。

南极洲终年冰雪覆盖,被誉为"白色的荒漠"、"地球的冰库",这里一年四季干燥严寒,年平均降水量只有 30～50 毫米。南极洲温度很低,最低可达 −88.3 ℃,因此又称为"世界寒极"。南极洲风暴非常厉害,一年有 300 多天风速大于 12.5 米/秒,最大风速可达 100 米/秒,故又称"世界风极"。

南极大陆四周是大洋,海岸线长达 24 000 千米。早在古希腊时期,就有人认为南半球肯定有大块陆地存在。16 世纪时,荷兰制图学家麦卡托绘制了世界地图,修改了"未发现地",命名为"南方大陆"。

随着工业革命兴起,欧洲殖民国家对"未发现地"产生了浓厚兴趣,梦想那是一块幸福之岛,于是开始了探索发现之旅。1772 年,英国航海家詹姆斯·库克率先率队进入南太平洋,进入南极圈,直达南纬 70°的海域。1819 年,沙俄也派出探索南极大陆的船队,他们越过南极圈,发现了彼得一世岛和亚历山大一世岛。

1838 年,英、法、美各国分别派出探险队,他们都声称发现了南极大陆。其中英国探险队发现了罗斯湾和罗斯冰障。这一地区成为向南极推进的中转站。不过直到 1912 年,英国探险家罗伯特·斯科特率领的探险队才最终到达南极极点。然而在这里,他们看到了一面挪威国旗,早在 5 个星期之前,即 1911 年 12 月 14 日,亚孟森已经第一个达到了南极极点。

小知识

第谷·布拉赫(公元 1546 年～公元 1601 年),丹麦天文学家和占星学家。他发现了许多新的天文现象,如黄赤交角的变化、月球运行的二均差等,且编制的一部恒星表相当准确。

英国对纽芬兰和
北美大西洋沿岸地区的殖民扩张

在法贝瑟之前,欧洲人并没有注意到纽芬兰这个小小的岛屿,但是法贝瑟将纽芬兰地区的"黄金"运回英国之后,纽芬兰在英国人心目中的地位就大大提升了,欧洲人渴望在这里获得他们梦寐以求的黄金。

英国伊丽莎白女王曾经有一个宠臣,名字叫尔捷尔·罗利。他是英国贵族,因为只有名誉而没有金钱,所以罗利每天都在做着发财的美梦。有一天,罗利想到了一个好方法可以让自己发财,他设计了一个计策要成为伊丽莎白女王的宠臣,然后便可以凭借着伊丽莎白的支持去各地淘金。他心想自己虽然没有钱,也没有知识,但是凭借着自己的外貌与年轻,一定能够获得伊丽莎白的芳心。

为了达到目的,罗利挖空心思地杜撰了许多稀奇古怪的故事,并将这些故事讲给伊丽莎白听。伊丽莎白的注意力果然放到了罗利的身上,渐渐地,罗利心想事成,成为了伊丽莎白的宠臣。为了实现自己的"黄金梦",罗利决定说服女王到海外去寻找黄金产地。得到伊丽莎白女王的批准后,罗利开始准备前往西班牙领地以北的北美地区推行殖民化政策。

1584 年,罗利开始了蓄谋已久的殖民战略。他首先派出了两艘很小的船到海外进行探险,但是这两艘船在北美的海岸并没有找到适合停泊船只的港口,于是船长访问了帕姆利科湾和阿尔彼马尔湾附近的两个岛屿和这一带的大陆海岸线,并且接触了一下当地的居民,接着他就回到了英国。回到英国之后,他将所到达的这个地方描绘得就像是世外桃源一样,说那里气候宜人,自然风光美丽,更重要的是还有肥沃的土地和丰富的矿产资源。罗利的这些描述立刻就激起了伊丽莎白女王的好奇心,一向吝啬的女王这次却慷慨大方起来了,她为罗利准备了第二次探险的装备。

在北美大陆建立第一个英国居民点的是格林维尔,这个居民点总共有 180 人,这些人都是一些像罗利一样没有钱却梦想发财致富的人。这些人在这儿生活没多久就被当地人发现了他们打的算盘,当地人为了嘲弄他们,就向他们讲述有关这个沿岸地区富有的金矿和罕见的珍珠浅滩等种种奇妙的故事。

听信了土著人的话,英国人真的照着他们的话去寻找黄金,但是什么都没有找到。恼羞成怒的英国人拿起武器对当地的印第安人发动了进攻,双方撕破了脸之后,印第安人不再向英国人提供商品,这下英国人就要挨饿受冻了。幸亏后来德雷克来到了这个地方,将他们带回了英国。

后来,英国人在北美陆续建立了 13 个殖民地,英国对这里的殖民统治一直持续到美利坚合众国统一这个地区。

纽芬兰是威尼斯著名航海家约翰·卡波特发现的。当年,他在英国布里斯托尔商人的资助下,率领"马休号"向西航行。他采取等纬度航行法,在北纬 52°的纬线上徘徊,结果看到了陆地。约翰将其命名为"首次发现的陆地",这就是纽芬兰岛的北端。

在最近的港湾登陆后,约翰带人举行了占领仪式,升起英国和威尼斯国旗。在这里他们没有发现人类,也没有看到人类活动的痕迹。

此后,约翰带领船队向南偏东航行,考察了纽芬兰岛的全部东部海岸线,绕过纽芬兰岛向东南凸出很远的阿瓦狼半岛,在附近海域,他们看到了大群的鲱鱼和鳕鱼。这样,纽芬兰大浅滩被发现了,大浅滩面积达 30 多万平方千米。

不久,约翰带领船只原路返航,受到英国国王亨利七世的热烈欢迎和嘉奖,并把"首次发现的陆地"改名为"新发现的陆地",音译为纽芬兰。

纽芬兰的发现,极大地鼓舞了英格兰人,他们不用再到冰岛渔场,而是直接去纽芬兰大浅滩捕鱼即可。纽芬兰大浅滩是世界鱼类资源最丰富的海区之一。有意思的是,约翰·卡波特本人一直没意识到自己发现的是一片新陆地,而认为这是中国的某个地方。

小知识

丁文江(公元 1887 年～公元 1936 年),中国地质学家,中国地质科学事业奠基人之一。他创办了中国第一个地质机构——中国地质调查所,领导了中国早期地质调查与科学研究工作;又在该调查所推动了中国地震、土壤、燃料等研究室的建立。

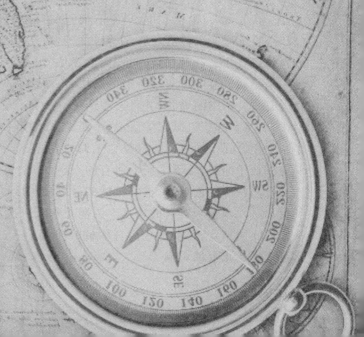

第五篇

学以致用

——地理学应用前景广阔

从潘季驯屡治黄河到
生态环境整治

环境保护是指人类为解决现实的或潜在的环境问题,协调人类与环境的关系,保障经济社会的持续发展而采取的各种行动的总称。

潘季驯是中国明代著名的水利专家,对于治理河流有着丰富的知识和经验。嘉靖四十四年(公元 1565 年),黄河冲破了堤坝,运河严重堵塞,距离决堤口几百千米的地方都在一瞬间成了汪洋大海。朝廷想尽一切办法帮助百姓度过灾难,他们选用了潘季驯作为治理黄河的总督。

潘季驯没有辜负朝廷对他的期望,刚刚接到命令的他就日夜兼程、马不停蹄地前往灾区,到现场了解灾情,然后经过仔细地研究得出治理方案。潘季驯明白,要想治理好这一次的水灾就必须对黄河进行充分的了解和分析。

潘季驯特别重视实地勘察。有一天,又下了倾盆大雨,河水再次上涨,之前修好的堤坝眼看着就要再一次被冲垮了,潘季驯心急如焚。他没等到雨停就去了河堤,他想要乘船到河里面观察河水流动的特征。

当潘季驯站在河堤上的时候,他的下属劝道:"总督大人,您还是别去了吧!雨下得这么大,一时半会儿也停不了,而且风急浪高,这样下河太冒险了。"但是潘季驯却一脸沉静地说:"不入虎穴焉得虎子,现在水势猛涨,正是勘察的好机会,不怕危险的跟着我来,害怕的都回去!"说着几个人就跳上了一条小船随总督前去勘察。

小船在风浪中被颠簸得上下起伏着,潘季驯站在船头仔细观察着河水的流量与缓急以及两岸的堤防,并将这些情况一一记录下来。正当潘季驯在仔细观察的时候,突然一阵狂风掀起了巨浪,小船失去了控制,被卷入到一个大旋涡之中,就像是一片树叶在水中打转一样。在千钧一发之际,潘季驯凭借着多年水上研究的经验控制住了船桨,救下了船上所有的人。

在潘季驯的治理下,黄河流域的百姓顺利度过了这一次的灾难。随后,潘季驯又提出进一步治理黄河的建议。为防止水灾再次发生,他主张黄河下游不宜分流,决口应实时堵塞,还要拒绝高含沙量的河流汇入。他的这些主张对以后的黄河治理都产生了重要的影响。

潘季驯对黄河的治理及主张从现代角度说，是一种对环境的保护。

环境保护是指人类有意识地保护自然资源并使其得到合理的利用，防止自然环境受到污染和破坏的活动。

其内容主要有：

首先，要防治由生产和生活活动引起的环境污染，包括防治工业生产排放的"三废"（废水、废气、废渣）、粉尘、放射性物质以及产生的噪声、振动、恶臭和电磁微波辐射。

其次，防止由建设和开发活动引起的环境破坏。

再次，要保护有特殊价值的自然环境，包括对珍稀物种及其生活环境、特殊的自然发展史遗迹、地质现象、地貌景观等提供有效的保护。

环境保护是利用环境科学的理论和方法，协调人类与环境的关系，解决各种问题，保护和改善环境的一切人类活动的总称。包括采取行政的、法律的、经济的、科学技术的多方面的措施，合理地利用自然资源，防止环境的污染和破坏，以求保持和发展生态平衡，扩大有用自然资源的再生产，保证人类社会的发展。

小知识

埃尔顿（公元 1900 年～公元 1991 年），英国动物生态学家。他创造性地研究了动物自然种群的数量变动规律，著有《动物生态学》、《动物生态学与进化》、《动植物的入侵生态学》和《动物群落的类型》。

时间地理学王国
畅想人人喜爱的城市建设

城市建设是以规划为依据,通过建设工程对城市人居环境进行改造。它是管理城市创造良好条件的基础性、阶段性工作,也是过程性和周期性比较明显的一种特殊经济工作。

不断发展进步的社会,使人们的生活节奏大大加快,很多人都不适应这种快节奏的生活,他们感慨时间短暂,埋怨生活不充实,失去了人最需要的快乐感。

有一天傍晚,大家凑到一起聊天的时候又聊到了这样的话题。大家都在发着各式各样的牢骚,然而一位研究地理的科学家却在一旁沉思,接着他对其他人说:"我知道一个地理王国的事,或许会对解决这个问题有所帮助。"于是,他不紧不慢地开始了他的描述。

"30多年前的时候,瑞典出现了一个十分有名的人物,他就是聪明绝顶的哈格斯特朗,他凭借着胜人一筹的智慧建立了一个叫做时间地理学的科学王国,从此他就致力于将自己精妙的思想传遍整个世界。"

说到这里,大家都显现出十分迷惑的表情,他们还没有弄明白这个地理学王国到底是做什么的。地理学家接着说:"其实这个地理学王国建立的目的,就是要让所有的人都能够幸福地生活。他了解了人们的日常生活,发现人们对生活有很多的不满。于是主张我们应该以一个全新的角度来观察这个世界,只有换个角度生活,我们才能获得幸福感和快乐感。"

这时候大家都瞪大了眼睛,似乎在催促他快点往下说。地理学家继续说:"要想获得幸福快乐的生活,不仅要了解社会,还要了解每一个人的生活规律。我们要了解人们在什么时间、什么地点,以什么方式进行活动,这样才能找出不同人生活的不同的规律,才能让大家相互了解更加深入。将这种了解贯彻到生活中,学校开学、饭店营业等活动就会满足人们的需要,一旦人们的需要得到满足,他们也就不再抱怨这个社会了。"

大家越听越感兴趣,于是有个人就问:"能说得再具体一点吗?"地理学家说:"当然,从我们每天的生活来看,道路的密度、信号灯的开关以及公共汽车的次数,都可以根据人们坐车外出的空间和时间特点来设计；而小区周围的商店、医院、小学、娱乐场所等也可以根据人们的喜好和时间规律来安排。"说到这里，地理学家又微笑着接着说："要想获得幸福快乐的生活，我们必须一起努力，共同改进我们生活的大环境，共同幸福地生活，但是，这将是一个长期而又充满挑战的过程。"

要想获得幸福快乐的生活，就要改进我们生活的大环境，城市建设是城市管理的重要组成部分，又是以城市规划为依据最终服务于城市的一种行为。

城市规划是用发展的眼光、科学的论证、根据专家决策为前提，对城市经济结构情况、空间结构状况、社会结构状态的发展变化规律进行规划。城市规划是随城市发展与运行状况长期调整、不断修订，持续改进和完善的复杂的连续决策过程。

城市规划和建设最终还是为了服务城市运行，服务市民。城市设施在规划、建设完成并投入运行后方能发挥功能，提供服务，真正为市民创造良好的人居环境，保障市民正常生活。

随着社会经济的发展、城市的出现、人类居住环境的复杂化，产生了城市规划思想并得到不断发展。尤其是在社会变革时期，旧的城市结构不能适应新的社会生活要求的情况下，城市规划理论和实践往往出现飞跃。

小知识

A.R.华莱士(公元 1823 年～公元 1913 年)，英国博物学家和动物地理学家，解释生物进化的自然选择学说的创始人之一。他发表的"联合论文"，奠定了科学进化论的基础，对动物地理学也有重要贡献；他还提出"东洋区"与"澳洲区"的分界线，世称"华莱士线"。

周穆王驾车游天下
游出旅游资源大开发

　　旅游资源开发利用是为发挥、提高旅游资源对游客的吸引力,并使旅游活动得以实现的技术经济方式。其实质是以旅游资源为"原材料",通过劳动加工,使其成为具有旅游使用价值的旅游吸引物。

　　古代周朝有个国王叫周穆王,他热衷于吃、喝、玩、乐,尤其喜欢到各地去游玩。一天,一个大臣为了讨好周穆王,就向他介绍了一个会法术的人,那人自称是从很远的地方来的,人们都叫他"化人"。

　　化人具有神通,能入水不溺,入火不焚;能穿墙度壁,排山倒海;能搬移城邑,升上虚空,千变万化不可捉摸。他既能改变一切东西的形状,又能改变人们的心理和念头。周穆王非常尊重他,将其奉为天神,宁愿把自己的宫殿让给他住,用最好的饮食来供养他,同时又选择最美丽的歌女来供他娱乐。可是那个化人却不为所动,他认为周穆王的宫殿卑陋不可居住,肴馔腥臊不可入口,歌女臭秽不可亲近。周穆王见到这种情形,为了博得化人的欢心,不惜花费重金,在终南山上建筑了一座华丽的宫殿,取名为"中天之台"。他还挑选出最美丽的女子,涂脂抹粉,穿着最合时的长裙,洒满了香水,佩上环佩和璎珞,每行一步,环佩的声音就叮叮咚咚地响起来,处处奏起音乐,朝朝献上珍美的食品。周穆王以为这样化人就会心满意足,孰料,化人还是不愿意住进去。

　　一天,在宫廷的宴会上,化人带着周穆王上游天宫。他手执穆王的衫袖,一路上升,来到自己的宫殿。只见宫殿金碧辉煌,四壁都是用黄金和白银建筑而成;宫殿里面,装饰着珍珠宝玉;它的高度超出云雨之上,犹如建筑在一方虚空之中,飘浮在一片浮云之上。周穆王在化人的宫殿里不知不觉住了几十年,简直是乐不思蜀。后来化人又带他游往别处,所到之地,上不见日月,下不见江海,只看见光芒四射,照得他头昏眼花。四处充满了音乐,如同天籁之音,使得他心神恍惚,四肢百骸仿佛要解散一样。周穆王支撑不住了,就请化人带他返回人间。当他睁开双眼,却发现自己还坐在刚才所坐的椅子上,服侍他的人还是刚才跟随左右的人,桌子上的肴馔尚有余温,杯中的酒还没有喝净。周穆王惊奇地说:"这一刹那,就过了几十年了吗?"化人说:"大王,你不过是神游天宫,身子还没有移动过呢!"

这一次的神游让周穆王游兴大发,他丢掉了国事,打算驾着他那八匹骏马拉的车子,去周游天下。周穆王选好了随从之后就出发了,他从北方一直游玩到南方,在阳纡山的时候,周穆王碰到了水神河伯,在休与山遇见了性情温和的帝台,在赤乌族收到了赤乌族的礼物——赤乌族美女,最后他到了西极,见到了他日夜思慕的西王母。周穆王为了表示对西王母的仰慕之情,就借西王母的瑶池宴请西王母。酒席间,他们还互作诗歌赠送给对方,之后,两人才依依惜别。周穆王遨游天下之后便从西极直接回到了中国。周穆王遨游天下不仅开了眼界,也揭示出各地的资源可以经由旅游得以开发。

为了使旅游者获得丰富的地学知识,在资源开发中必须强调科学性、合理性和保护性。一般分为以下四个步骤进行:

1. 旅游资源调查,即对旅游地的资源种类、数量、特色、成因、结构与分布进行详细调查,对旅游资源所在地的区位条件、社会环境、经济发展、历史沿革等做调查。

2. 旅游资源评价,即对调查区旅游资源的质量、品味、等级、价值、开发条件等做出综合评价,为旅游规划提供依据。

3. 旅游资源开发的可行性研究,即为旅游资源评价做科学论证,对旅游资源开发条件特别是客源市场做科学分析和预测,对开发建设项目、投资、产出、环境生态效益等做综合分析评价。

4. 旅游资源开发规划,即在旅游资源调查、评价、可行性论证的基础上制订出旅游规划,包括对旅游区性质定位、划定规模、范围、确定分期实施目标、景点和项目布局、基础服务设施专项规划、客源市场分析、投资效益估算、环境影响评价和社会经济发展影响评价等多方面内容。

为达到预期目的,旅游资源的合理开发利用必须遵循主题性、多样性、协调性、适应性和经济性的原则,使开发后的旅游吸引物能保持原有的特色,主题鲜明而功能多样;游憩环境和谐且生态平衡,同时投资回收快、经济效益好,以最大限度满足不同层次旅游者的需求,并取得良好的社会经济效益。

小知识

亚里士多德(公元前384年~公元前322年),古希腊最伟大的哲学家、科学家和教育家之一。他从事的学术研究涉及逻辑学、修辞学、物理学、生物学、教育学、心理学、政治学、经济学、地理学等,著有《工具论》、《形而上学》等。

香格里拉的传说

　　旅游区环境状况的好坏,对旅游者旅游效果的影响是不可忽视的,游客旅游的满足程度与旅游区环境条件息息相关,直接影响旅游业持续发展,必须充分认识到保护旅游区环境的必要性与重要性。

　　多年以来,香格里拉一直是人类理想王国的代名词,人们将香格里拉看做世外桃源、和平美好的乌托邦。这些看法源于一部文学作品——《失去的地平线》中的美丽传说。

　　小说的主角有 4 个人:英国领事馆领事康威、副领事马里森、美国人巴纳德和传教士布琳克洛小姐。30 年代的时候,南亚某个国家发生了暴乱事件,他们 4 个人乘坐一架小型飞机逃离了这个地方,打算前往巴基斯坦。飞行的途中,他们发现飞机偏离了原定的航线,飞到了喜马拉雅山的上空,并且还不断由西向东飞行。他们意识到自己被劫持了,但是却没有任何办法。后来飞机出现了故障不能继续飞了,而飞行员受了重伤,奄奄一息,他告诉四个人说:"这里是中国藏族地区,附近有一座叫香格里拉的喇嘛寺,那里能给你们生存的机会,但是前往香格里拉的路十分艰难,祝你们幸运。"

香格里拉的藏族村庄

　　4 个人为了生存开始了艰难的跋涉。他们经过一条长长的山谷,然后又爬上了一座海拔高达 28 000 英尺的雪山。经过一天艰难的跋涉之后,他们终于到达了目的地——香格里拉。经过与当地人的交流,他们得知这里住着数千名以藏族为主的居民。他们虽然信仰着不同的宗教,但是彼此之间都很有默契地守着一个原则,叫做"适度"。正是因为有这份默契,使得香格里拉成为一个祥和而又安宁的地方。

　　他们四人还发现了一个令人惊奇的地方,就是在这里生活的人都很长寿,平均年龄都在100岁以上。香格里拉的一切都让人陶醉,这里的优美恬静令康威迷恋,数不尽的金矿令巴纳德不忍离开,而布琳克洛小姐则想要在这里宣传她的教义,只有马里森渴望回到英国,因为未婚妻在等着他回去完婚。

马里森寻找机会胁迫其中的一个人陪他回英国,终于他等到了马帮脚夫送货到香格里拉的机会,便胁迫康威一起走。他们翻山越岭,艰难跋涉,终于看到希望的时候,马里森却染上了重病,还没有坐上船就死了。康威后来失去了记忆,直到有一天他听到了肖邦的曲子才恢复了记忆,当时他的脸上流露出无法形容的悲哀。当天夜里,康威就不见了,人们不知道他是又回到了香格里拉,还是已经死了。

香格里拉是人们偶然发现的一个世外桃源,由此可以看出旅游的地域环境与旅游业的关系是很密切的。

旅游区的旅游资源是游客观赏的对象。对于游客而言,旅游资源本身蕴含的各种美学特征及其历史、文化、科学价值是旅游行为的直接激发者,资源的破坏将直接影响旅游者的满足程度。特别是随着生产的发展和科技的进步,人们的闲暇时间逐渐增加,城市居民进行旅游、回归自然,借自然环境的洁净达到锻炼和疗养身心的愿望正日益高涨。由此看来,旅游区的自然生态环境从某种意义上来说也是一种旅游资源。

所以,旅游区环境状况的好坏,对旅游者旅游效果的影响是不可忽视的,游客旅游的满足程度与旅游区环境条件息息相关,直接影响旅游业持续发展,必须充分认识到保护旅游区环境的必要性与重要性。

造成旅游区环境破坏、环境质量下降的原因是多方面的,人类经济行为的不当破坏了旅游环境;旅游活动对旅游区环境的影响;旅游开发和建设破坏旅游区环境。

为了使旅游业持续地发展,充分发挥旅游业的经济效益和社会效益,针对旅游业所存在的环境问题,应加强旅游环境保护的科研工作和旅游环境保护知识的宣传教育;开发前,应对开发活动进行环境影响评价、分析,识别建设、经营过程中可能造成的影响等,提出相对的减免对策,把可能对旅游环境造成的负面影响降到最低程度;并在旅游区发展建设中做好旅游环境规划,控制热门旅游场地的旅游规模。另外,应加强旅游环境立法,针对旅游者和旅游经营者制订行为规范,对破坏行为实行强制性的干涉与惩罚。

小知识

佩藤科菲(公元1818年~公元1901年),德国科学家。他将物理学和化学的研究方法运用在生物学和地理学方面,研究水、土、空气对人体的影响,测定二氧化碳对呼吸的意义,还发明了二氧化碳含量测定法。

诸葛亮草船借箭的秘密

空气中的水汽主要来自地面、水面的蒸发和植物的蒸腾,其水汽含量与温度有密切的关系。

一提到聪明二字,许多人脑海中可能会立刻浮现的就是诸葛亮了。这位中国古代伟大的军事家不仅通晓兵法谋略,地理知识也很丰富。"草船借箭"这个有名的典故,就充分展示了诸葛亮丰富的天文地理知识。

三国交战时期,刘备联合孙权的军队共同攻打曹操,当时东吴都督周瑜嫉妒诸葛亮的才能,于是他想了一个计策要陷害诸葛亮。一天,周瑜对诸葛亮说:"再过不久我们就要和曹操交战了,可是我们的箭不够用,您能在 10 天之内制造出 10 万枝箭吗?"诸葛亮微笑着回答说:"不用 10 天,现在情况那么紧急,给我 3 天时间就可以了。"周瑜听了,以为诸葛亮在吹牛,心里暗自高兴,于是特意让诸葛亮立下了军令状,如果无法在预期的时间里完成任务的话,他就要接受军法处置。

明宣宗朱瞻基的绘画作品——《武侯高卧图》。此图描绘诸葛亮隐居南阳躬耕自乐的形象。

周瑜派人监视诸葛亮工程的进度,然而那人却告诉周瑜说诸葛亮根本就没有开始任何造箭的准备。周瑜高兴得不得了,心想这次诸葛亮肯定栽到自己手里了。鲁肃知道了这件事情之后来看望诸葛亮,诸葛亮恳求鲁肃说:"这次您一定要救救我,您要是不救我,我肯定完了。"鲁肃很不解地说:"怎么帮? 就算我有三头六臂也不可能在 3 天之内造出 10 万枝箭呀!"诸葛亮说:"不需要您制造,您只要借给我 20 艘船,每艘船配备 30 名士兵,船上扎满草人,分立两边,并用青布罩着。若您能满足我以上的要求,3 天之后 10 万枝箭定能到手,还有,您得答应我这事情只能你我知道。"鲁肃说:"这个好办。"

周瑜还在暗中观察着,第一天没有动静,第二天依然没有动静,周瑜心想诸葛亮这一次死定了。到第三天的时候,诸葛亮开始行动了,他将鲁肃借给他的 20 艘船用长绳索连在一起,径直向曹操军营出发了。诸葛亮邀请鲁肃一起去取箭,鲁肃疑惑地看着诸葛亮,诸葛亮只是微笑。

　　五更时候,船队已经离曹军不远了,这时候天降大雾,诸葛亮命令船队上的士兵擂鼓呐喊。接到探子报信之后,曹操对手下说:"现在雾这么大,敌军却突然来袭,我们不要轻举妄动,快让弓箭手用乱箭射退敌人。"于是曹军 10 000 多弓箭手同时射箭,不一会儿,10 万多枝箭就扎在了草人上。这时候鲁肃总算明白了诸葛亮的用意,不禁佩服得五体投地。原来诸葛亮经由天气状况,预见到了 3 天后肯定会有大雾天气,于是才想出了这样的计策。

　　诸葛亮利用早晨的大雾成功地实施了草船借箭的计策,而大雾主要是由于早晨水面空气中的水蒸气,遇到低温液化成了小水珠弥漫在水面上空而形成的。

　　空气中的水汽主要来自地面、水面的蒸发和植物的蒸腾,因此,其水汽含量与温度有密切的关系。水汽压的日变化有两种基本类型:单峰型的日变化与气温日变化相似,温度升高时蒸发、蒸腾强,空气中水汽含量高,水汽压大;反之水汽压小。双峰型有两个极小值和两个极大值。一个极小值出现在日出之前气温最低时,空气中水汽含量少。另一个出现在 15～16 时,此时近地面乱流、对流最强,把水汽从低层带到高层,使近地气层绝对湿度急剧减小。第一极大值出现在 8～9 时,此时温度不断上升,蒸发增强,而对流尚未充分发展,致使水汽在近地气层聚积。第二个极大值出现在对流和乱流减弱、地面蒸发出来的水汽又能在低层大气聚集的20～21 时。以后随着温度的进一步降低,相对湿度逐渐增大,蒸发完全停止,甚至在地表产生凝结,近地层的水汽含量就一直下降,日出前水汽压达最小。水汽压的年变化与温度年变化相似。在陆地上,最大值出现在 7 月,最小值出现在 1 月;海洋上,最大值在 8 月,最小值在 2 月。

　　另外,相对湿度的变化与气温及大气中的水汽含量有关。相对湿度平均来说陆上大于海上,内陆大于沿海,夏季大于冬季,晴天大于阴天,这主要与气温的日变化有关。

　　相对湿度的年变化,一般与气温的年变化相反,温暖季节相对湿度小,寒冷季节相对湿度大。

小知识

　　顾炎武(公元 1613 年～公元 1682 年),明末清初著名的思想家、史学家、语言学家。他自 27 岁起,断然弃绝科举帖括之学,遍览历代史乘、郡县志书,以及文集、章奏之类,辑录其中有关农田、水利、矿产、交通等记载,兼以地理沿革的材料,开始撰述《天下郡国利病书》和《肇域志》。著有《日知录》、《音学五书》等。

徐光启关注农业生产与地理环境

农业区位因素就是指地理环境中影响农业的各个因素,其中包括自然条件——气候、水源、土壤、地形;社会经济条件——市场、交通运输、政府政策、劳动力、土地价格、资金、管理;技术条件——机械、化肥、良种、冷藏。

徐光启是一位典型的农民水利学家,从小在农村成长的他,深知水利对于农业的重要性。徐光启从小就十分聪明好学,43 岁的时候终于如愿考中了进士,但仕途之路逐渐平坦的他却始终关注着农业生产和地理环境。

徐光启在做了几年官之后,听说在中国有一个很有名的外国人——利玛窦,利玛窦是一个博学多才、见多识广的西方人,对他仰慕了许久的徐光启决定前去拜访。

1600 年的春天,徐光启来到南京利玛窦所在的地方——南京天主教堂。利玛窦对徐光启的学识也有所耳闻,因此两人一见大有相见恨晚之意,他们亲切地进行着各方面的交谈。这一次的见面,他们都给对方留下了很好的印象,这也为以后的进一步接触奠定了良好的基础。

三年后,徐光启再一次来到了南京,与第一次不同的是,这一次他在老朋友的劝说下成为了一名正式的天主教徒。同时徐光启也将自己民族的文化介绍给利玛窦,在介绍的过程中利玛窦对中国的文化显示出极大的兴趣。他对中国的儒家文化肃然起敬,回国之后大肆宣扬儒家文化,这也是后来越来越多的西方人来中国的原因之一。

对于中国的线装书籍,西方人望尘莫及,拥有着几百年甚至上千年的线装书籍文化着实吸引了很多外国人的目光。据说葡萄牙人最先得到了中国的线装书籍,然后把它们献给了葡萄牙国王。法国路易十四知道了这件事情之后,也忙着让大臣们去中国购买,到手之后还很骄傲地拿给其他国家的领导人看。

徐光启不仅是水利学家,而且他也深知农业生产和地理环境的密切关系。

农业生产离不开地理环境,是对地理环境依赖最为严重的产业。地理环境对农业影响的因素,人们称之为农业区位因素。

农业区位因素就是指地理环境中影响农业的各个因素,其中包括自然条件——气候、水源、土壤、地形;社会经济条件——市场、交通运输、政府政策、劳动力、土地价格、资金、管理；技术条件——机械、化肥、良种、冷藏。农业区位的各个因素对农业生产的影响不尽相同，其中起着决定作用的因素我们称之为主导因素。

对于一个地区来讲，一定时期内自然条件的变化不会很大，但随着生产水平的提高，社会经济条件和农业技术条件不断地变化，这是导致影响农业区位因素变化的主要原因。

不同历史阶段，影响农业区位的主导因素是不同的，总体上来说，自然因素的影响逐渐衰减，社会经济和农业技术的影响越来越突出。

徐光启和利玛窦画像

小知识

魏源（公元 1794 年～公元 1857 年），清代著名学者，中国近代启蒙思想家、政治家、文学家、地理学家。《海国图志》是他作为地理学家的代表作，其他著述有《古微堂诗文集》、《明代兵食二政录》、《春秋繁露注》等。

高山玫瑰引发的悲剧

　　生态破坏的最典型特征之一是植被破坏,植被破坏是导致水土流失并最后形成土壤荒漠化的重要根源。目前,全球大面积的荒漠化已严重影响了人类的生存环境。

　　冰川就像风雨一样都可以成为大自然的雕塑家,风雨塑造出了各式各样的地形,而冰川则塑造出了深不可测的冰井和冰漏斗、阴森恐怖的冰隧道、曲折迷离的冰洞、绚丽多姿的冰下喷泉。所有冰川塑造物都有晶莹剔透的特点,然而人们却不会想到神奇美丽的冰川竟然在不断地流动和消失。关于冰川的流动有这样一段凄美的故事:

　　挺拔高峻的阿尔卑斯山的山顶雪线附近,生长着一种美丽的野花,这野花有一个美丽的名字,叫做“高山玫瑰”。据说这种花是爱情的象征,年轻人都想要采集到这种花,然后送给自己心仪的女孩,期盼他们的爱情能够天长地久。

　　一天,有几个痴情的年轻人结伴前往阿尔卑斯山,他们的目标当然是采到那些美丽的高山玫瑰。他们来到了阿尔卑斯山的山脚下,巍峨高峻的阿尔卑斯山不禁让人打退堂鼓,大概是他们想到了自己的恋人,想到了彼此之间的山盟海誓,几个年轻人犹豫了片刻之后,还是决定登上山顶去寻找他们梦寐以求的高山玫瑰。

　　然而他们再也没能回来,再也没能见到他们日夜思念的恋人。据说他们在登山的途中遇上了雪崩,几个年轻人不幸被积雪掩埋了。这个事件得到了很多冰川研究者的关注,他们其中有一些人认为,这些年轻人的尸体总有一天会出现在冰川的下游。人们大多不相信这样的说法,然而40多年过去了,在冰川的下游突然有几具尸体被当地人发现了。经过他们的鉴定,这些人就是40多年前的那几个登山的年轻人。虽然他们都没能找到高山玫瑰,但是他们对恋人的忠诚已经留在了阿尔卑斯山上,并且会永远留在那里。

　　高山玫瑰引发的悲剧预示着冰川在不断地流失,自然环境在不断地恶化,也给人类的生存带来了威胁。

　　生态破坏的最典型特征之一是植被破坏,植被破坏是导致水土流失并最后形成土壤荒漠化的重要根源。目前,全球大面积的荒漠化已严重影响了人类的生存环境。

植被是生态系统的基础,为动物或微生物提供了特殊的栖息环境,为人类提供了食物和多种有用的物质材料。植被还是气候和无机环境条件的调节者,空气和水源的净化者。植被在人类环境中起着极其重要的作用,它既是重要的环境要素,又是重要的自然资源。

植被破坏主要包括:

1. 森林破坏,森林是陆地生态系统的中心,森林曾经覆盖世界陆地面积的45%。造成森林破坏的原因,主要是由于人们只把森林视为生产木材和薪柴的场所,对森林在生态环境中的重要作用缺乏认识,长期过度地砍伐,使消耗量大于生长量。

2. 牧场退化,牧场包括草原、林中空地、林缘草地、疏林、灌木丛以及荒漠、半荒漠地区植被稀疏的地段。牧场是放牧家畜和野生动物栖息的地方,但是,过度放牧与不适宜的开垦耕种,往往引起牧场退化、土壤侵蚀和荒漠化。牧场退化是世界干旱区、半干旱土地荒漠化的表现。

植被的破坏不仅极大地影响了该地区的自然景观,而且由此带来了一系列的严重后果,如生态系统恶化、环境质量下降、水土流失、土地沙化以及自然灾害加剧,进而可能引起土壤荒漠化;土壤的荒漠化又加剧了水土流失,以致形成生态环境的恶性循环。这样既危害自然生态系统的平衡,更威胁人类的食物供应和居住环境。

小知识

　　阿瑟·艾文斯(公元 1851 年~公元 1941 年),英国考古学家,生平最大的成就是对迈诺斯文明的考察。同时,他对迈诺斯宫殿遗址中用线形 A 和线形 B 两种文字风格书写的泥版文书的解读,也作出了很大贡献。

光怪陆离的喀斯特地貌

喀斯特高原的地质属于典型的石灰岩高原,石灰岩横亘绵延几百米,但是它的地面上不仅布满了陷阱、石沟、石芽、竖井、落水洞、千谷、岩溶平原和奇峰林立的山峰,并且还有深不可测的洞穴,这样与众不同的地形被人们称为喀斯特地形。

远在 400 多年前,在如今的贵州修文县境内有座山,名为龙冈山。这座山的半山腰上有一个天然溶洞,当地人把这个溶洞称为"东洞"。那时的龙冈山被大片的葱翠茂密的森林环绕,山下还有一条蜿蜒清澈的小河。当地的人们并没有在意半山腰上的那个洞穴,偶尔来到洞口也只是为了躲避风雨,从没有人发现那个山洞里有什么让人流连忘返的风光。直到有一个叫王阳明的人到来,才使这个天然洞穴融入了诸多内涵和哲思的光芒而被世人关注。

那年王阳明 36 岁,因上书朝廷陈述宦官刘瑾的恶行,却被刘瑾反咬一口,落得责罚廷杖,贬职贵州龙场驿站的下场。他满怀悲愤却又不得不接受朝廷的调遣,于是风餐露宿走了两年后才来到龙场。

当时的龙场隶属水西土司辖区,是彝族的奢香夫人于洪武年间所设,那个驿站规模很小,屋舍简陋,也只有两三个人接待传递公文和过往的官员。王阳明初来乍到寻不到住所,只能在附近的一座小山坡上搭建了一处茅舍栖身,好在那山坡上有间极小的溶洞,环境也算优雅,于是王阳明便整日躲进那个溶洞研读《易经》,并把那间小溶洞戏称为"玩易窝"。后来他又发现离驿站不远的龙冈山有个更大的溶洞,也就是被当地人称做"东洞"的大溶洞,王阳明心里欢喜,赶紧把全部家当搬进了这个大溶洞中。

这个大溶洞是天然溶洞,洞内由于长年滴水而阴冷潮湿,王阳明不惧艰苦依然潜心苦读,苦闷时就盯着溶洞内奇形怪状的岩石编造故事,讲给当地的小孩子们听。当地的彝族人和苗人对王阳明这样的文人非常尊敬,于是自发地砍伐树木找来工匠,在东洞附近搭建了几栋木屋送给王阳明,恳请王阳明别嫌简陋,这只是略表他们的一番心意。王阳明非常感动却无以答谢,不禁感叹:"君子之居何陋之有?"于是那几栋木屋从此便被称为"何陋轩"。

王阳明虽然遭贬穷乡僻壤之地,却没有因此虚度光阴荒废学业,他居住龙场三年,潜心悟学,这才有了"致良知"的思想,成就了"心即理、知行合一"的学说,也就是后来的阳明学说。

南斯拉夫的喀斯特高原，因其与众不同的地形被人们称为喀斯特地形。

那么，这样造型奇特而又光怪陆离的喀斯特地貌究竟是如何形成的呢？

原来，在地球表面长期运行着大量的地表水，这些地表水在长时间的运行过程中，会对经过的岩石造成冲刷与侵蚀，同时地表水的运动力会带起很多的地表碎屑。这些碎屑在经过岩石的时候，同样会给岩石带来不同程度的磨砺，那些本来厚重的岩石，在经过这样的侵蚀下，会面目全非，而变成石钟乳、石笋、石柱等形状。

水是伟大的造型师，喀斯特溶洞也是石灰岩地区长期被地下水腐蚀的结果。石灰岩的主要成分就是碳酸钙，而碳酸钙在水和二氧化碳的双重作用下，会生成一种叫做碳酸氢钙的无机酸式盐。无机酸式盐的特点是易溶于水，在水的冲刷下，这些无机酸式盐便会被一点一点地侵蚀、冲走，溶洞便会越来越大，进而形成这种独特的喀斯特地形。

喀斯特地形按照其形状可分为六种：

1. 石灰岩长期受地表水的侵蚀，而形成石柱或石笋状。

2. 地表水沿缝隙下落，超过 100 米而形成的狭长的落水洞。

3. 流水到达下面水层，转为横向流动而形成的溶洞。

4. 地穴塌陷，地表形成的大小不一的漏斗和陷塘。

5. 在水和塌陷的双重作用下，有的地方会形成坡立谷和天桥。

6. 如果地面上升，被腐蚀的石柱就会变成地面上耸立的石林。

小知识

吉迪恩·曼特尔（公元 1790 年～公元 1852 年），英国医生，地质学家和古生物学家。他长期致力于中生代的古生物学，并在白垩纪的地层中首次发现了著名的恐龙类爬行动物。在当时已知的 5 个属的恐龙中，有 4 个属是曼特尔发现的。

喊出来的泉水

构成农业生态良性循环的基本要素是环境因素、生产者、消费者和分解者,在整个生态系统循环中,太阳的辐射是最基本的能源,植物经由光合作用,再经消费者和分解者,转化为无机质和热能,重新提供给植物生存所需要的养分。

这个世上真的有喊出来的泉水吗?听着似乎挺神奇的,然而在某些地方真有这样的泉水,就是不知这样的泉水能不能带来经济效益和良性生态循环。

相传在四川省广元县龙门山东北段有一个峡谷,这个峡谷中有个泉眼,山脚下的人们都要到这个峡谷中去取用泉水生活。虽然人们走的路很远,但是这个峡谷里的泉水十分甘甜,养育了这一方的百姓,因此,这里的泉水成了人们生活的必需品。

有一天,人们像往常一样在峡谷的泉水旁等着接水,然而水流渐渐变小了。大家都以为是天气的原因,觉得可能过几天就好了。又过了几天,人们发现水流又比以前小了,便开始着急,可是也无可奈何。

终于有一天,泉水就像干枯了一样不再流水了。村里的人以为有什么妖魔鬼怪在作怪,就请了一个会法术的人来驱走妖怪,可是一连驱了好几天也不见起色,泉水依然是干涸的。

人们靠着很远很远的一个泉眼喝水,可是每天为了能够等到一点水都要排上一天的队。村里的人们已经束手无策了。

这时,一个气急败坏的年轻人走到泉眼旁边破口大骂:“你这泉眼,平日里大家对你这么好,你这次真是要置我们于死地啊!”他一边骂着一边拿起石头往泉眼上砸去,突然,他听到了“咯咯咯”的惊叫声,以为是有人来了,赶紧回头看,但没有任何人前来,这个人越想越害怕,于是跑回了村子。

回到村子之后,这个人就向其他人讲述了整件事的过程,大家都认为应该再让法师去看一下,于是他们带着法师又来到了泉眼旁边,没想到这个泉眼竟然在流淌着泉水。大家都很惊讶,但是毕竟现在有水可喝了,争相接水都来不及了,也顾不了到底是什么原因。

过了几天,泉水像之前一样又无缘无故地干涸了。这一次,那个年轻人又生气了,他对着泉眼又破口大骂:“你到底想干什么,要我们吗?”然而接着又是“咯咯咯”

的惊叫声。年轻人没有选择逃跑，他站在那里观察，果然又有水涌出来了。他想了想，只有一个理由能够解释这件事，那就是泉眼需要人骂它，它才会涌出泉水，否则永远是干涸的。

后来，年轻人将他的想法告诉了村里的人。村里人都不相信他的话，这个年轻人很生气地说："不信，等泉水干涸了之后，你们就骂一下试试。"泉水几天之后又干涸了，人们按照年轻人的说法骂了起来，果真一阵"咯咯咯"的惊叫声之后，就看见清澈的泉水从泉眼中流了出来。

农业是人类生存的根本，农业生态系统是指人们在一定的时间与地区内，利用生物与非生物之间的相互作用，而建立起来的形式多样、发展水平不等的农业生产体系。它是一种由农业环境因素、绿色植物、各种动物和各种微生物四大基本要素构成的物质循环和能量转化系统，同样具备生产力、稳定性和持续性三大特性。

构成农业生态良性循环的基本要素是环境因素、生产者、消费者和分解者，在整个生态系统循环中，太阳的辐射是最基本的能源，植物通过光合作用，再经消费者（草食动物、肉食动物、杂食动物、寄生动物和腐生动物）和分解者（依靠动、植物残体来生存的微生物）这条途径，转化为无机质和热能，然后返回到农业生产中去，重新提供给植物生存所需要的养分。

辅助能源包括人类以栽培管理、选育良种、施用化肥和农药以及进行农业机械作业等，辅助能源的投入可以有效地增加和提高转变生产力的能量，进而保证生产力的稳定性。

而要维护农业生产的稳定性，在一定时期内，农业生态的良性循环就显得尤为重要，这种良性循环的内容主要包括：物质的能量之间输入与输出的平衡，生产与储存相对稳定，生产信息的流通，生物物种与环境之间的协调性等。如果各级食物链之间能够达到很好的相互适应的关系的话，就会在最大程度上提高农业生产力，但是很多时候，这种大自然本身的协调能力并不是最完美的，或者偶尔会遭到破坏，所以人类还要靠科学技术的干涉来达到提高和恢复农业生态平衡的目的。

小知识

陈奇禄（公元 1923 年～　　），中国台湾地质学家、考古学家，长期从事台湾与东南亚地区土著文化的研究。著有《中华文化的特质》、《台湾山地文化的特质》等。

日月潭的凄美故事

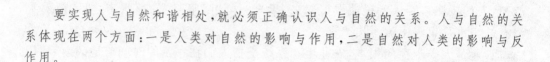

要实现人与自然和谐相处,就必须正确认识人与自然的关系。人与自然的关系体现在两个方面:一是人类对自然的影响与作用,二是自然对人类的影响与反作用。

美丽的日月潭现在成了有名的风景名胜,然而关于日月潭还有一段鲜为人知的传说。

很久之前,这个潭里住着两条恶龙,其中一条是公龙,另外一条是母龙。两条龙的胃口很大,它们吞噬了潭里的所有生物,但是还是感到饥饿。有一天,公龙抬起头看到了太阳,饥不择食的它一跃就将太阳吞了下去。到了晚上,月亮出来了,母龙一看到月亮,也毫不犹豫地一口吞了下去。

就这样,人间没有了太阳,也没有了月亮。百姓们无法辨别白天和黑夜,庄稼枯萎了,花儿凋零了,人们已经无法继续生存下去了。可是那两条恶龙依然拿着太阳和月亮嬉戏,毫不理会已经乱成一团的人间。

一对机智勇敢的青年男女大尖哥和水花姐实在是无法忍受了,他们下定决心要为人世间找回太阳和月亮。于是,两人开始策划如何打败这两条恶龙。有一天,一个道行高深的法师告诉他们,只有阿里山底下的金斧头和金剪刀可以制服恶龙。听到了这个好消息之后,大尖哥和水花姐就开始前往阿里山去寻找金斧头和金剪刀。

日月潭

两人在前往阿里山的途中历经了千难万险,但皇天不负苦心人,终于有一天他们找到了金斧头和金剪刀,并携带着它们来到了恶龙居住的水潭。

两条恶龙看见了这对青年男女,心想又有食物可吃了,于是一场激烈的搏斗开始了。大尖哥下手很快,他拿着斧头用尽全身的力气砍了下去,恶龙的身上很快就被砍得遍体鳞伤,然后水花姐趁机用金剪刀剪断了恶龙的头。两条恶龙就这样死在了这两个青年男女的手上。

接下来就是要想办法让太阳和月亮恢复原位了,大尖哥摘下了公龙的两颗眼珠,吃了下去,水花姐吃了母龙的两颗眼珠后,他们突然愈长愈高大成了巨人,就像两座高山一样耸立在水潭里。

这时,大尖哥用力将太阳抛到空中,水花姐顺势用水潭边上的棕榈树将太阳托了起来。水花姐接着用力抛起了月亮,大尖哥也用棕榈树将月亮托了起来。太阳和月亮都回到了原来的位置,人间又恢复了生机。

完成了使命之后,大尖哥和水花姐就变成了两座大山坐落在水潭的旁边,永远守护着这里的百姓,而这个水潭因为这一段凄美的故事被命名为了"日月潭"。

"日月潭"的凄美故事体现出的是人与自然要和谐相处。

要实现人与自然和谐相处,就必须正确认识人与自然的关系。人与自然的关系体现在两个方面:一是人类对自然的影响与作用,二是自然对人类的影响与反作用。人与自然的关系中,人类已处于主动地位,不断改造自然,为人类创造大量财富,造福人类。但同时也在掠夺自然,破坏自然,招来自然对我们的报复。

人类需要冷静地反思自己的观念和行为,应该更开阔地从经济、社会、科技、环境协调发展的眼光,研究如何协调人与自然的关系,与自然和平共处,保护生态平衡,增加自然对我们的赐予。

那么我们究竟该怎么做呢?人类走过的足迹告诉我们,人类与自然的关系既不是"自然界是主人,我们是仆人"的关系,也不是"我们是主人,自然界是仆人"的关系,而是共同前进的伙伴关系,是共同发展的朋友关系。

小知识

邹代钧(公元 1854 年～公元 1908 年),中国清末地图学家。他复兴和推广了三角测量法与经纬度表示法的运用,同时采用统一的比例尺和投影法替代了中国传统的"计里画方"的方法,推进了中国地图绘制向近代科学方法体系的迈进。他还创立了"舆地学会",专门经营地图出版事业,开中国民营地图出版之先河。著有《西征纪程》、《湖北地记》、《中国海岸记》等。

顾炎武与军事地理研究

　　研究军事离不开地理环境,军事地理学是研究军事与地理关系的学科,它探索地理环境对国防建设、军事行动的影响,以及在军事上运用地理条件的规律,为制订战略方针,研究武装力量建设,进行战场准备,指导作战行动提供依据。

　　一提到顾炎武,就让人联想起了一个爱国志士的形象,他是明末清初杰出的思想家和军事理论家,并且将国家兴亡和自己的命运结合在一起。

　　顾炎武出生于官宦世家,只不过到了他父辈的时候家道中落。顾炎武的生父是顾同应,母亲是何氏,然而他在还很小的时候就过继给了嗣祖顾绍芾。顾炎武的嗣父顾同吉在顾炎武未成年的时候就去世了,是嗣母王氏独自将他抚养长大的。王氏从小受过良好的教育,是一个懂知识又很勤劳的女性,也很关心国家的兴亡,这对顾炎武的人生有很大的影响。

　　顾炎武的嗣祖顾绍芾是当时远近闻名的有学识的人,他博学多闻,也很关心时事,经常指导顾炎武学习。有一次,顾绍芾在院子里陪顾炎武玩耍,看见了院子里有很多草根,于是感慨万千地对顾炎武说:“你要是以后还能吃到这个,那就是幸运的了。”其实他的意思就是指当时朝廷已经渐渐衰落了。

　　1644 年清军入关,标志着形势已经到了不可逆转的地步。顾炎武当时受昆山县令杨永言的推荐,被授予了兵部司务的职务。不久清军攻入了南京,顾炎武与他的好友进行了英勇的抵抗,但是最终还是没能守住昆山。

　　顾炎武当时安排嗣母王氏在常熟避难,但是听说昆山被攻陷了之后,王氏痛心疾首。她决定要与国家共存亡,于是在顾炎武还没回来看她的时候,就因绝食了15 天身亡了,临终前给顾炎武留下了遗言,说:“我虽然是个妇人,但是蒙受国家的恩惠得以活到现在,和国家共存亡是我义不容辞的责任,你作为明朝的子民不可以为清朝效力,要时刻铭记我们蒙受的恩惠,不要忘记祖先的遗训,那么我死也就能够瞑目了。”顾炎武去常熟看母亲的时候听到了这个噩耗,万分悲痛,他将母亲的遗言铭记于心,这也是他终生不与清廷合作的重要原因。

　　顾炎武的家里本来有个仆人叫陆恩,后来顾家衰落,陆恩投靠了地方豪绅叶方恒。这个陆恩心胸狭窄,他认为顾炎武没有好好对待他,所以想依靠叶方恒来报复顾炎武。后来陆恩找了一个莫须有的罪名——通海罪,告发了顾炎武,顾炎武也不是等闲之辈,他的朋友很快就帮他洗刷了罪名。后来顾炎武捉到了陆恩,两人争执之间,顾炎武不小心将陆恩推到了水里,陆恩就这样被水淹死了。陆恩的女婿为了报复顾炎武而到处找他,后来将他关在一个密室中,想要置他于死地,幸亏朋友及时赶来,顾炎武才逃过一劫。经此劫难后,顾炎武不问世事,开始了将近半生的漫游生活。

研究军事离不开地理环境,军事地理学是研究军事与地理关系的学科,它探索地理环境对国防建设、军事行动的影响,以及在军事上运用地理条件的规律,为制订战略方针、研究武装力量建设、进行战场准备、指导作战行动提供依据。

军事地理学的研究内容有:地理形势、自然条件、经济因素、社会状况、交通运输、城镇要地、历史战例等。地理形势,主要包括国家或战区的位置、范围、面积,陆、海疆界的长度和自然特征及其对军事的作用和影响,该国家或战区与周边国家或战区的关系以及所处的战略地位。自然条件,主要包括地貌、水文、植被和气象等因素。经济因素,主要包括各种战略资源的分布、蕴藏量和产量,工业特别是军事工业的分布、技术水准及其生产能力,农业经济的分布特点和主要农产品的生产状况、国民经济结构、生产总值和人均产值,以及对军民生活物资的保障程度、战时经济动员潜力和对战争的支持能力。

社会状况,主要包括社会、政治制度和对内对外政策、阶级关系、人民与政府的关系、人民对战争的态度、民族的分布、风俗民情、政治倾向及其相互关系等。

交通运输,主要包括铁路、公路、水路、航空线和地下管道的整体布局,主要线路及其通行、输送能力。

城镇要地,指重要居民地、军事基地、要塞、岛屿、关隘等。

历史战例,主要包括所研究地区地理条件对历史上重要战争的影响,和交战双方在利用地理环境方面的利弊得失和经验教训。

在对上述各项内容分别进行调查研究的基础上,再进行综合分析,得出对国防建设和军事行动可能产生影响的全面评价和结论。

小知识

伦纳德·伍莱(公元 1880 年~公元 1960 年),英国探险家、考古学家。第一次世界大战后,他在伊拉克苏美古城吾珥的旧址上进行了重点考察,再现了人类最早期的伟大文明;20 世纪三四十年代,又致力于在北叙利亚发掘哈利亚王国的遗迹。

英雄尤利西斯返航
开启了探索区域地理的先河

对区域地理的研究,不仅能够发现在自然状态下,地理本身所具有的环境特征,同时还会将社会、经济、历史等因素渗入其中,而将人文区域地理合二为一,为人类如何更好地利用自然环境以及更合理地开发自然资源,提供重要的理论依据。

特洛伊战争持续 10 年之久未分胜负,就在战争最后的阶段,希腊的尤利西斯构想出"木马计",使希腊人顺利攻陷了特洛伊。战争胜利后,尤利西斯和一同参战的英雄们带领着船队返程,准备与家人团聚。由于尤利西斯在战争中触怒了海神波塞冬,波塞冬为了化解心中的愤怒,便在尤利西斯回国的途中设下重重阻碍,让他饱受漂泊之苦。

尤利西斯和卡吕普索

这一天,尤利西斯漂流到了俄奇吉亚岛,在这座森林覆盖的荒岛上有一位漂亮的仙女卡吕普索。

卡吕普索见尤利西斯健美、威武,貌若神祇,便心生欢喜把他捉到自己的山洞中。她要求眼前这位英俊的男子娶她为妻,并允诺让尤利西斯永葆青春,长生不老。但是尤利西斯在长期艰难的跋涉中,心中牵挂的只有他的妻子珀涅罗珀,此时他怎么可能辜负自己的妻子呢?尤利西斯坚定地拒绝了仙女卡吕普索的要求,只是每天坐在海边,守望着茫茫的大海……

尤利西斯的苦难遭遇打动了奥林匹斯山的众位神祇,他们聚在一起商量后决定帮尤利西斯摆脱苦海,派赫尔墨斯到俄奇吉亚岛传达神谕。赫尔墨斯很快来到目的地找到卡吕普索,要她立刻放了尤利西斯,让他重返故乡。此时,尤利西斯还像以前一样满脸的忧伤,泪眼蒙蒙地坐在海边眺望着;卡吕普索正在自己的房间纺织精美的衣衫,并不时从房间里传出缥缈而动听的仙乐,那是她在开心地歌唱。当赫尔墨斯来到她面前并说明来意之后,她震惊了。

她说:"我真的无法理解。这个落难的凡人,他所有的朋友都葬身在大海中,他孤身一人漂泊于此,是我收留了他,精心地照顾他,还给他不老的容颜、不亡的生命,而他却毫不动容。还有神祇们,你们也不愿意一个凡人娶到一位天仙吗?我知道宙斯既然已下了旨意,我是无法违背的,那就遵从你们的意愿让他继续漂泊吧!但我不可能去送他,我也没有任何礼物送给他,只能告诉他如何平安地返回故乡。"

赫尔墨斯得到卡吕普索令他满意的答复之后便回去了。他走后,卡吕普索来到海边温和地对尤利西斯说:"可怜的人,你的忧愁将要结束了,你现在就去做艘小木船,带着我为你准备的酒水和食品,顺风离开吧!"

听到卡吕普索的话,尤利西斯半信半疑地看着仙女说:"美丽的仙女,你向神祇发誓不会伤害我,我才敢出海。"卡吕普索微笑着对尤利西斯说:"你的顾虑是多余的,请相信我!"她依依不舍地和尤利西斯告别后,就转身离开了。

区域地理学为地理学的一个分支,主要的研究对象是地球上大小不等的区域,并通过研究得知这些地区所涵盖的人类生存的方式,以及它所具有的自然环境的个性与特色。对区域地理的研究不仅能够发现在自然状态下地理本身所具有的环境特征,同时还会将社会、经济、历史等因素渗入其中,而将人文区域地理合二为一,为人类如何更好地利用自然环境以及更合理地开发自然资源,提供重要的理论依据。

从区域地理研究的内容来说,它可分为自然区域地理与人文区域地理,从洪堡的地理学著作《新大陆热带地区旅行记》问世以后,区域地理说便被人们所认识,因为在这部著作里,洪堡用比较的方式明确地提出了自然地理和人文地理,使人们懂得在不同的区域,有不同的自然资源和人文环境。

19世纪后期到20世纪中期,随着科学技术的发展进步,区域地理说越来越受到学者们的重视。美国地理学家哈特向在《地理学的性质》这本书中,也详细地阐述了地球上不同区域的分异性特征。

特别是进入20世纪70年代,由于生态、环境、资源、人口等问题的日益凸显,生产与经济之间合作的国际化,使得区域之间的影响与联系日渐加深。因此,区域地理的定性与定量分析,区域地理环境的整体特征、结构和演变规律等区域综合性的研究,已经成为了现代地理研究的主要课题。

小知识

赫伯森(公元1865年~公元1915年),英国地理学家。他首次提出世界大自然区的划分,依据地形、气候和植被的组合,将世界划分成6大自然区域和12个副区。主张地理学着重于综合研究地球表面各种现象的空间联系,这一思想对区域地理学和景观学的发展有深远影响。

水雷出没与大洋暗流

墨西哥湾流是北赤道流和南赤道流的分支在经过赤道的时候,汇合而成的一股暖流,它就像是一个庞大的温热蓄水池,除了接纳南北赤道流以外,还吸入了来自大西洋表面的暖水层。

1943 年,第二次世界大战还在继续进行着,德国和盟军对北大西洋和北冰洋的争夺已经进入了白热化的阶段。美、英盟军利用海上航线为苏联运送军火物资,这条航线成为了反法西斯的北方"生命线"。德军为了拦截盟军的运输队,决定派遣最强大的舰队——挪威阿尔塔峡湾的舰队去截击盟军护航运输船队。然而出乎德军的意料,几次的海上激战都以德军的失败而告终,法西斯的海上力量严重受挫。

德军并不甘心就这样将制海权拱手让给盟军,他们使出了最后的一招——布水雷。德军在通往波罗的海和巴伦支海的北大西洋和北冰洋水域的重要航线上广布水雷,目的是封锁航道,以拦截盟军运输船队。

然而时间在渐渐流逝,却没有发现盟军的船队遭到水雷的袭击,德军十分纳闷。他们认为自己布下的水雷都是高灵敏度的,而且攻击力极强,可是为什么水雷却不知去向了呢? 德军十分不解,他们还曾经天真地认为盟军中有厉害的排雷高手,成功地清除了这些水雷呢!

第二年的冬天,德军在北冰洋巴伦支海水域执行一项截击的任务。这个季节的巴伦支水域,白昼只有两三个小时,波涛汹涌的海面上很少看到太阳的影子。

德军的舰队在海面上缓缓地行驶着,他们渴望在这里能够成功地截获盟军的军火和物资,然而海面上却只有他们自己的舰队在行进着。

舰队渐渐地到达了新地岛附近海域,突然一声声闷雷般的爆炸声从水下传了过来,大海顿时沸腾起来,好几艘德国军舰都受到了重创。本以为是遭到盟军突然袭击的德军慌忙准备逃跑,但几阵响声之后,海面又恢复了平静,没有盟军的任何踪迹。

德军很快展开了空中侦察,发现原来不是盟军的偷袭,而是触发了水雷。更让他们惊奇的是经过仔细辨认和核查,那些袭击他们的水雷竟然与他们去年放在北大西洋水域的水雷相同。对于这个结果,德军都惊呆了,难道是上帝在惩罚他们吗?

原来是洋流在暗中帮助反法西斯军队作战,北大西洋水域有一股强大的洋流系统，也就是北大西洋暖流，这股暖流即使在严寒的冬天也依然流动。德军投放的水雷顺着洋流一直流到北冰洋的巴伦支海域，最后致使德军受到了自己水雷的攻击。

北大西洋暖流为大西洋北部势力最强的暖流，是墨西哥湾暖流的延续。它有3个分支：干支经挪威海进入北冰洋，南支沿比斯开湾、伊比利亚半岛外缘南下，北支向西北流到冰岛以南。北大西洋暖流的流量随墨西哥湾暖流的强度变化而变化。

墨西哥湾流是北赤道流和南赤道流的分支在经过赤道的时候，汇合而成的一股暖流，它就像是一个庞大的温热蓄水池，除了接纳南、北赤道流以外，还吸入了来自大西洋表面的暖水层。

由于墨西哥湾水位比大西洋高，所以湾底的温水会沿佛罗里达海峡流出，沿着北美大陆流向高纬度地带，大约在北纬40°西经30°的地方，湾流被分成两股。一方面是它在运行的过程中，会受到地球本身自转以及纬度变化的影响，所以它又被集中在大洋西部大陆边缘的一个狭带内，自西南向东北运行，进而把大西洋近岸水系与大洋水系分割开来。另一方面，它的南分支又会经过非洲西部重新流入赤道。

湾流的特点是，流速强、流量大、流幅狭窄、流路蜿蜒、流域广阔、高温、高盐、透明度大等。而墨西哥湾流又堪称是湾流规模之最，它刚出湾时温度可达 27℃ ～ 28℃，时速最快可达每小时 9.5 千米，在海底 200 米处的地方，它的时速是 4 千米，几乎为所有河流径流量的 40 倍。

墨西哥暖流的存在，给人们的生活带来了很大的便利，特别是人们在高寒地区（如斯瓦尔巴德群岛）生产生活以及开展各项工作的话，很大程度上离不开暖流带来的温暖。

小知识

间宫林藏（公元 1780 年～公元 1844 年），日本著名的探险家。他是第一个渡过海峡探索库页岛的冒险家，并发现间宫海峡（鞑靼海峡）的存在而确认库页岛是一座岛。

历法在地理学中的作用

历法是一种推算年、月、日的时间长度和它们之间的关系,而制订时间序列的方法。简单说来,就是人们为了社会生产时间的需要,而创立的长时间的计时系统。

一行是中国唐代著名的佛学家,然而除了在佛学上的造诣外,他在天文学方面也有较大成就。一行本名叫张遂,他的曾祖父是唐太宗李世民的功臣张公谨,张氏家族在唐太宗时期很兴旺,然而到了张遂生活的年代,他的家族就开始渐渐衰落了。

武则天巡行图

青年时期的张遂因为学识渊博而闻名,当时武则天刚上任,正在广纳贤士,但是张遂却不愿意效忠于武则天,为了逃避武则天的拉拢,他剃度为僧,取名一行。

有一天,武则天命令大臣们去为她招贤纳士。有一个大臣听说过张遂的名声,就向武则天推荐了这个人。武则天听了之后很感兴趣,命令推荐的那个大臣去说服张遂效忠朝廷,还告诉那个大臣说:"只要张遂答应效忠朝廷,朕一定重赏你!"那个大臣高兴地夸下海口说:"臣一定不会让陛下失望的。"于是,立刻前去张遂的故乡去寻找他。

张遂这时候已经出家了,那位大臣辗转打听才得知他所在的寺庙。见到了张遂,他礼貌地讲了自己的来意:"早就耳闻张贤士学识渊博,今日一见,果然名不虚传。"

张遂心想,你根本不了解我,难道我的脸上写着"学识渊博"几个字吗?虽然心里这么想,但还是很礼貌地回答说:"谢谢您的厚爱,我只是一介草民,不足挂齿,况且现在我已经出家,不再理会尘世间的一切了,您还是请回吧!"

那位大臣本来以为张遂会愉快地跟着自己走的，没想到他却这样直截了当地拒绝了。无奈之下，那位大臣只得无功而返，如实地将情况告诉了武则天。

后来，张遂在寺庙里完成了《大衍历》，阐明了历法在地理学中不可取代的地位。

人类所居住的这个地球距今大约有 46 亿年的历史，如果要想研究某一个时段的历史，那么首先要确定这段历史在时间长河中的确切位置，这样才能够有利于我们掌握历史，更有序地安排生活，基于这个前提，历法也就应运而生。

历法的三要素是年、月、日，这三个要素从理论上，几乎近似于天然的时间单位。年，是太阳绕天球黄道一周的时间，也就是太阳从春分再绕回到春分所需的时间，一年约等于 365.24219879 日，这个说法适用于历法。而朔望月是指月球绕地球公转相对于太阳的平均周期，这种周期以从这次朔到下一个朔，或者是从望到下一个望之间所需的时间，大约为 29.53059 天。

月亮是一个不会发光的星体，只有当有光照在它上面时，它才会反射出光线来，所以在太阳、月亮、地球相对位置的变化下，月亮被照射的面积也在不停地变化，而它所呈现给人们的形状与大小也不尽相同，所以也就有了月有阴晴圆缺一说。当月亮黄经与太阳黄经完全重合时，我们看不到月亮，整个夜晚漆黑一片，这就是朔。而当月亮黄经和太阳黄经相差 180°的时候，就是望。

为了生产生活的便利性，每个年和每个月里面都必须包含整数的日。

从天文学的理论角度来说，历法中的年既不是月的整倍数，月也不是日的整倍数，但是又不能把一天分为两个半天来计算，或者说把一个月分在两个年里，所以我们所说的年、月、日只是近似值。

当然，随着社会的进步，随着新科技的不断推进，人们还会在历法方面探索到更精确、更方便的计算方法。

小知识

蒙特柳斯（公元 1843 年～公元 1921 年），瑞典考古学家，史前时代文化研究工作的开拓者之一。他重点研究欧洲史前文化的分期和年代，尤其关注北欧、西欧青铜时代的文化。主要著作有《青铜时代年代问题》、《异教时代的瑞典文明》等。

魏源投身地理学救国运动

历史上最早开凿运河是因为运输的需要。元朝的大运河全程由惠通河起,经白河、御河、会通河、济州河、里运河,至江南运河,全长 1 700 多千米,贯通大江南北。

魏源于清朝乾隆五十九年(公元 1794 年)出生在湖南韶阳县,他的父亲担任过主簿之类的官职。在魏源 10 岁的时候,家乡发生了饥荒,而在外地工作的父亲无法救济家里,所以当时他和母亲的生活十分贫苦。但就在这样的环境下,魏源仍然坚持学习,尤其喜欢看历史书,尽管这并不是科举考试的内容。

魏源在功名场上并不顺利,他也一直都不喜欢儒家的道德规范,认为这些会束缚人的个性,也正因为这样,魏源一直到了 51 岁的时候才中了三榜的第 19 名进士。之后,他曾任兴化知县,成为一个清廉的地方官。

魏源故居

有一年,魏源所在的兴化地区连日下暴雨,导致湖水猛涨。管理河道的总督杨以增打算开坝放水,缓解河道的压力。然而此时下游地区兴化县的水稻已经成熟了,要是开坝的话,水稻肯定会颗粒无收的。

听说了开坝的消息之后,魏源心急如焚,决定誓死也要保住百姓的庄稼。他亲自到管理河道的总督那里请求缓期开坝,结果无功而返。

情况十分危急,眼看着几百万亩的稻田都将被大水淹没,魏源顶着风雨来到了堤坝。这时候,总督已经准备好开坝放水了。魏源情急之下扑倒在河坝上哭着说:"要是开坝的话,就连我一起冲走吧!"在场的人包括总督都被魏源的行为感动了,官兵也向总督建议缓期开坝,最后总督点头同意了。

魏源带着这个好消息回到了兴化县,百姓们为此欢呼雀跃。不久兴化县的水稻获得了大丰收，魏源因此名声大振，后来也得到了朝廷的重用。

历史上最早开凿运河是因为运输的需要。公元 1271 年，蒙古族建立元朝，定都华北平原的北端大都，也就是今天的北京。从北京到江南，翻山越岭，路途遥远，江南的粮食以及其他地方特产都无法运抵北京，严重制约了经济与贸易往来。

当时能够选择的通道之一是海上运输，但是海上一方面风云难测，另一方面又有海盗出没，所以海上运输并不常用。通道之二是陆路，但是陆路也不比海路强多少，"民夫不胜其瘁"、"驴畜死者，不可胜计"，走过一趟的人无不深有体会，所以开通一条贯穿南北的交通要道，就变得非常迫切。

当时江南水道如织，但是由于多年战事，狭窄淤塞严重，而北方却没有河道，元政府一方面修复和启用江南原有的河道，另一方面开始开挖北部新的河道。

经过多方的勘察后，决定先从修复拓宽济州河开始。至元十九年（公元 1282 年）十二月初动工，第二年八月，新济州河贯通。济州河南起济州（今山东济宁市）南面，北至须城（治所在今山东东平县）安山，全程 75 千米，至此，开挖新运河首战告捷。

至元二十六年（公元 1289 年），二期工程东平经聊城至北接卫河，全程 125 千米。同时元政府又在大都和通州之间开凿了一条 82 千米的惠通河，运河全程由惠通河起，经白河、御河、会通河、济州河、里运河，至江南运河。至此，一条北起大都（今北京），南至杭州的全长 1 700 多千米的京杭大运河便全线贯通了。

小知识

尤根森·汤姆森（公元 1788 年～公元 1865 年），丹麦考古学家、地理学家。他提出著名的"三期论"，分析出人类曾经历过石器、铜器和铁器三个时代。

奇怪的骨痛病与医学地理

疾病无时无刻不威胁着人类的健康，而疾病的发生与病菌的分布及其所处的地理环境，又有着很密切的关系。因此，在不同的历史时期和不同的地域环境，医学地理的研究课题是不同的。

在日本中部美丽而又富饶的富山平原上，一条叫做神通川的河流平静地流淌着。这条河流在平原上存在了数百年，河流两岸的人民世世代代都靠着这条河生存。这条河不仅灌溉两岸数千公顷的良田，使这里成为日本的米粮川，还是人们饮用水的来源。因此，神通川对于两岸的居民有一种特殊的意义。

然而1952年之后，这条河就像被诅咒了一样，河里的鱼虾接二连三地死亡，两岸的庄稼也没有以前产量高了。人们怀疑神通川被污染了，但又不知道是什么原因造成的。3年之后，在神通川河流的边上有一户叫山田的人家，男主人莫名其妙地患上了关节疼痛的疾病，刚开始的时候，山田以为是过度劳累造成的，但是他在闲着的时候依然会出现疼痛感。他曾经去医院看过，医生也不知道是什么原因所引起，只是给他吃一些止痛的药物来缓解疼痛的症状。

有一天，山田关节疼痛的毛痛又犯了，以前都是洗完澡之后疼痛感就会减轻，这一次，他全身好像每一个部位都在痛，似乎每个地方的神经和骨头都要断了一样。慢慢地，山田疼痛发作的次数越来越频繁了，终于有一天，他因为剧烈疼痛而无法进食，极度衰弱的身体和疼痛终于夺去了他的生命。

山田死后，医学专家对他的尸体进行了解剖，发现他全身竟然有70多处骨折，身高严重萎缩，但是仍然没能找到致命的元凶。更让人惊奇的是山田死后，神通川流域接二连三地发生了类似的死亡事件，很多研究者都到这个地方来探寻原因。

研究者沿着河流往上游走，最后发现了一个叫神冈炼锌厂的工厂正在向神通川中排放着一些废水。研究者带着这些废水回到研究室中去研究，他们发现这些废水里面含有大量的镉，当地人喝了含有镉的水，然后又吃了含有镉的米，就会导致人体严重缺钙，最后患上了骨痛病。看来，为了人类的身体健康，人们应该高度重视环境保护，为人类的生存提供一个良好的环境。

在一定的区域环境下，人类健康与地理环境之间的关系被称为医学地理。医学地理的理论基础，是研究如何让环境发展与人类的健康相平衡。

　　在医学地理所研究的对象中,首先是气候、生态、环境变化对人类健康带来的影响。生态变化将牵扯到与物理、化学和生物有关的几大类疾病,像疟疾、血吸虫病、锥虫病、黄热病、鼠疫、霍乱等这些有着明显地域特征的疾病,会因生态系统的紊乱而使其流行的地理位置发生变化。其次,是对艾滋病以及其他新出现的病种的地域性研究。第三,是研究开发地域药物资源。第四,是食品的营养与健康的问题。第五,在 21 世纪人口老龄化将会是一个极其突出的问题,而研究人口老龄化的区域结构,寻找解决的办法和出路,已经是目前最亟待解决的课题。

小知识

　　托马斯·杰弗逊(公元 1743 年～公元 1826 年),美国第三任总统,地质学家、考古学家。他于 1784 年在美国弗吉尼亚州参与发掘一个印第安人墓葬,提出考古学不应单纯利用地质学分层法理论。

海牛立功敲响灾害管理与可持续发展的警钟

灾害的成因既有自然因素,也有人为因素,自然灾害是不可预测的,有时一种灾害会引发另外几种灾害,而形成灾害链,还有的灾害会由原生灾害引发次生灾害,进而给人类的生活带来更多的不幸。

风信子曾经一度得到人们的喜爱而被带到了世界各地,然而没过几年,这种植物却成为摆在人们面前的一道难题,究竟是为什么呢?

风信子

风信子最初是在 1884 年被委内瑞拉人带到世界棉花展览会上的一种植物,它是百合科多年生草本植物,这种植物有着碧绿的莲座,在花茎的顶端开放兰花般的花朵,有红、黄、白、蓝、紫各种颜色,成为人们十分钟爱的观赏植物。鉴于对这种植物的喜爱之情,许多国家都纷纷将这种植物带回自己的池塘种植,渐渐地,很多国家都有了大量的风信子。

有一年,巴拿马运河中风信子疯狂地繁殖生长,尽管它开着十分漂亮的花朵,但是人们却不再像过去那样喜欢它了。原来,风信子过度繁殖导致运河被堵塞,很多工程师都呼吁:如果不对风信子的生长速度加以控制的话,不用 3 年,运河将会因为风信子而无法正常通航,所以政府要赶紧解决风信子的问题。

巴拿马政府耗资上百万美元用药物控制风信子的生长,但是成效甚微。后来一个偶然的机会,巴拿马的一个植物学家发现海牛是风信子的克星,一头海牛一天就能吞掉 40 千克风信子,这可比药物清除的效果好多了。

这个好消息一旦传开,世界上很多国家都开始人工养殖海牛,用来对付繁殖过于旺盛的风信子。正如人们所料,海牛的存在减轻了风信子对人们的负面影响,成为了恢复生态系统正常发展的功臣。

在大自然中,经常会发生一些破坏性极大的灾害,比如崩塌、滑坡、泥石流、地裂缝、洪水、大旱、土壤盐碱化,以及地震、火山、地热害等,这些灾害给人类的生存和环境造成了不可估量甚至是无法挽回的损失。

灾害的成因既有自然因素,也有人为因素,自然灾害是不可预测的,有时一种灾害会引发另外几种灾害,而形成灾害链,还有的灾害会由原生灾害引发次生灾害,进而给人类的生活带来更多的不幸。比如洪水会引发肠道传染病,如霍乱、伤寒、痢疾等,而大旱会使地下水层降低,人类在饮用了底层的含氟高的水以后,会诱发氟病。

能够给人带来突然袭击的灾害属于突发性的灾害,比如火山爆发、地震、洪水、飓风、风暴潮、冰雹等。而旱灾、农作物和森林的病、虫、草害等灾害,因为给人带来的损失也是快速的,所以也属突发性灾害之列。

除了突发性灾害以外,还有一些灾害是缓发性的,它们是在长期的地质环境的改变下形成的,而且很难修复,比如像土地沙漠化、水土流失、环境恶化等。

除了由自然变异而引发的灾害以外,大自然中还存在着因人为因素导致的灾害,它们的成因是人类对环境缺乏保护,比如因乱砍滥伐而形成的土地沙漠化,因大量地排放二氧化碳而引起的酸雨和温室效应。这些灾害给地球带来的损失都是灭绝性的,所以全世界都在提倡保护环境,而保护环境就是保护我们自己的家园。

小知识

刘易斯·李奇(公元 1903 年~公元 1972 年),英国著名人类学家和考古学家。1959 年 4 月 4 日,他和妻子在坦桑尼亚发掘出一块人类化石,这块估计有 175 万年历史的化石被定名为"东非人"(现在称为"南方古猿")。